재미있는
카타르 월드컵
통계의 비밀

KB194898

재미있는 카타르 월드컵 통계의 비밀

박영수 지음

중앙생활사

추천의 글

나는 어려서부터 운동권이었다. Movement 말고 Sports 말이다. 구경꾼으로는 아마도 수준이 꽤 되는 축에 속하리라. 한두 종목도 아니고 스포츠라면 전 종목에 걸쳐 규칙은 물론 역사, 선수들, 전술 등등 많이도 주워 담으며 살았다. 그런데도 이건 아니다 싶었다. 평생 사회운동이나 진보정치와 관련된 일을 해 온 사람에게 축구 관련 책의 추천사를 써 달라니 좀 어색하지 않은가?

가끔 책을 내는 지인들의 추천사 요청을 받기도 하지만 이번에는 몇 번씩 손사래를 쳤다. 그러나 아주 오래된 절친의 부탁인지라 물리지 못했다. 아니, 그보다는 책을 읽고 보니 추천을 하지 않고는 못 배길 만큼 재미있는 책이었기 때문이다.

내 친구 박영수는 골키퍼이다. 골키퍼로 웬만해서는 이름을 날리기가 쉽지 않아서 축구 팬을 자처하는 사람들도 레전드급 골키퍼의 이름을 대는 것은 시간이 걸린다. 내가 기억하는 골키퍼는 우리나라로 치면 이세연 정도, 세계로 눈을 돌리면 옛 소련의 레프 야신이나 영국의 고든 뱅크스 정도가 생각난다. 그러나 그것도 현역 시절의 명성이지 선수 생활을 마치고 그럴듯한 지도자가 되거나 아니면 축구와 관련한 이론가나 행정가가 되는 골키퍼가 흔치 않다.

내 친구도 현역 시절 명성이 자자했고 나도 그 이름을 팔아 어깨를 으쓱거려보기도 했다. 무엇보다도 1978년 아시아 청소년축구대회 북한과의 준결승전 경기를 잊을 수 없다. 지금은 그러려니 하지만 박정희 시대에 북한과의 축구는 전쟁 같은 일이었다. 120분간 무승부로 승부차기까지 갔는데 스코어는 5대5. 북한의 6번째 키커의 공을 내 친구 박영수가 막아내고, 한국의 이태호 선수가 마지막 페널티킥을 성공시켜 우리나라가 결승에 올랐다.

결국 이 대회에서 이라크와 공동우승을 한 우리 대표팀이 금의환향했던 기억이 난다. 북한을 이겼으니 오죽 스포트라이트를 받았겠는가? 이후 국가대표도 하고 프로팀에서 활약도 했으니 골키퍼로서는 그래도 괜찮은 선수 시절을 보냈다고 할 수 있다.

그러나 내가 친구 박영수를 기억하는 것은 선수 생활 때문만이 아니다. 그는 선수 생활을 마치고 끝없이 공부하고 연구하며 축구를 진정으로 사랑하는 것이 무엇인지, 축구인으로서 어떻게 살아야 하는지를 보여준 사람이었다. 한국 축구에서 누구도 시도하지 않았던, 골키퍼에 특화된 훈련방법을 연구하고 또 이를 교범으로 정리해 책을 펴냈다. 아시아 최초로 '골키퍼 지도자 교육과정'을 개설하여 국내외의 골키퍼들에게 참으로 귀중한 교육과정을 제공했다.

여기에 그치지 않고 여러 가지 조건으로 우리보다 열악한 아시아의 다른 나라들을 돌아다니며 축구의 기술과 전략·전술을 전파하는 역할을 끊임없이 이어 왔다. 그 과정에서 틈틈이 학업을 이어가며 축구 전문가로서 자기 노력을 다하기까지 했다. 그래서 나는 한국 축구의 골키퍼 레전드로 주저 없이 박영수를 꼽고 싶다.

그런 친구가 축구 전문가들의 영역에 머무르던 축구의 전술·전략, 각종 경기의 분석 자료들을 가지고 일반인들과 축구 팬들도 아주 재미있게 공유할 수 있도록 책을 낸 것은 참으로 의미 있는 일이라 생각한다.

이 책을 통해 나는 축구를 새롭게 보는 눈을 얻었다. 2022 카타르 월드컵에서 득점과 실점에 이르는 과정을 여러 각도에서 들여다보고, 또 세트피스의 득점 유형을 분석하고, 무엇보다도 누구보다 넓고 깊게 운동장을 볼 수 있는 골키퍼의 눈으로 득점과 실점 과정을 설명한 대목을 보는 것은 참 흥미로웠다.

여기다가 요즘 가장 핫한 메시와 음바페를 비교한 5장은 이 책의 재미를 배가시키는 대목이었다. 자신 있게 추천한다. 이 책을 보면 축구를 보는 또 다른 눈을 갖게 될 것이다.

친구가 꼭 이루고 싶은 소망은 AFC 골키퍼 지도자 강사로 20여 년간 활동하면서 본인이 쌓은 지식을 나누는 것이란다. 골키퍼 지도자가 부족한 아시아 여러 나라를 찾아가서 지도자들과 유소년을 대상으로 "골키퍼 클리닉" 같은 것을 통해 남은 인생에서 그들에게 조금

이나마 도움이 되고 싶어 한다.

또한 2022 카타르 월드컵뿐 아니라 지나간 월드컵과 다가오는 2026 북중미 월드컵도 좀 더 충실하게 분석해서 축구를 사랑하는 팬들과 지도자, 선수들에게 선한 영향력을 남기고 싶어 하는 그의 희망이 이루어지기를 진심으로 기대한다.

정의당 전(前) 21대 국회의원

양경규

책을 펴내며

올림피아드(Olympiad)라는 시간 단위가 있다. 4년을 한 단위로 삼는 용어다. 그리스에서 고대올림픽이 4년 간격으로 열리던 전통을 이어받아 올림픽을 실시하는 4년 주기를 일컫는 의미가 되었다고 한다. 여기 전 세계인이 4년마다 열광하는 스포츠 축제가 있는데 올림픽과 월드컵이 바로 그것이다. 특히 월드컵은 축구 한 종목으로 전 지구인의 관심과 흥분을 불러일으키는, 최고의 인기와 권위를 가진 대회라고 감히 말할 수 있다.

현대 스포츠는 종목에 따라 인기와 흥행을 기반으로 대회 규모와 참가선수 수준이 결정된다. 즉 상업성과 경제성을 고려하여 대회를 준비하고 경기가 펼쳐지는데, 그 인기와 흥행을 판단하는 기준으로 시청자 수를 흔히 비교 분석한다.

2022 카타르 월드컵을 시청한 인원은 약 50억 명으로 추산되고, 결승전 경기만 15억 명의 시청자 수를 기록했다고 한다. 하계올림픽의 시청자 수가 평균 20억 명 정도 된다는 점을 감안한다면, 가히 월드컵의 인기를 짐작할 수 있을 것이다. 대한민국이 4강에 진출했던 2002 한일월드컵에서 우리나라 경기의 시청률이 70%를 넘었다

는 방송계의 전설적인 기록도 월드컵 축구 경기의 인기를 보여주는 사례라 할 수 있겠다.

경제적인 측면에서도 다른 종목에 비해 비교가 안 될 정도로 규모가 크다. 2022 카타르 월드컵에서 FIFA가 거둔 공식 수입만 45억 달러(약 5조 8,000억 원)이고 비공식 수입까지 합치면 75억 달러(9조 7,500억 원)가 넘는다고 하니 우승팀의 상금으로 4,200만 달러를 줄 만한 것이다.

이러한 인기 절정의 월드컵에서 1930년 제1회 우루과이 월드컵을 시작으로 2022년 제22회 카타르 월드컵까지 22번 연속 본선에 진출한 유일무이한 나라가 브라질이다. 그래서 브라질 국민들은 월드컵을 보러 가기 위해 4년을 열심히 일한다는 말이 있을 정도이다.

대한민국은 1954년 스위스 월드컵에 처음으로 출전하여 월드컵의 맛을 보았고, 1986년 멕시코 월드컵부터 2022년 카타르 월드컵까지 세계에서 10회 연속 본선에 진출한 6번째 국가가 되었다. 그리고 카타르 월드컵에서는 원정 역사상 두 번째로 16강에 진출하는 쾌거를 이루어 많은 국민에게 기쁨을 선사하였다.

월드컵은 다분히 스포츠 내셔널리즘(Nationalism)이 충만한 대회이기도 하다. 월드컵 본선 무대에서 경기 전 자국의 국가가 울려 퍼지는 것만으로도 감격의 눈물을 흘리는 관중들도 있다. 64년 만에 카타르 월드컵 본선 무대에 오른 웨일스의 관중들이 기나긴 세월 동안 눌러왔던 울분을 포효하듯 국가를 목청 높여 부르는 장면은 전 세계에 화제가 되었다.

카타르 월드컵에서 유럽예선 55개국, 남미예선 10개국, 아시아예선 46개국, 북중미예선 35개국, 아프리카예선 54개국, 오세아니아예선 11개국 도합 211개국이 지역 예선을 거쳐 32개국이 본선에 진출하였고, 개최국 카타르에서 8개의 그룹으로 32강 조별 리그를 거쳐 16강 토너먼트를 펼쳤다. 그 끝에 남미의 전통 강호 아르헨티나가 유럽국가의 연속 우승을 20년 만에 막아내고 우승하면서 막을 내렸다.

4년에 한 번 열리는 이 세계적인 대회는 현대 축구의 변화와 흐름을 알 수 있는 좋은 기회다. 세계 각국의 축구 지도자와 각국 축구협회의 전문가들이 총력으로 경기 내용을 분석하고, 출전선수들의 기술과 능력을 비롯하여 각 팀의 전략·전술을 파악해서 여러 정보를 데이터화하는 노력을 기울인다. 이렇게 만들어지는 자료는 자국 축구 발전의 토대로 활용되며, 일부 학자들은 이 분석 자료들을 연구 대상으로 하여 논문 등을 발표하기도 한다.

반면에 일반 축구 팬들은 현실적으로 이러한 정보에 접근하기가 매우 어렵다. 일부 열성 마니아들만 나름의 경로를 통해 일반적인 분석 자료를 입수하여 관전평에 참고하는 수준이다.

예를 들면 누가 얼마나 많은 득점을 어디에서, 어느 방향으로 몇 터치만에 득점에 성공하였는지 등이 그것이다. 그러나 이러한 분석들은 대부분 필드 선수 관점에서의 분석으로, 골키퍼 관점에서의 분석은 매우 드문 편이다. 이 책에서는 2022 카타르 월드컵에서 나온 총 172골에 관한 필드 선수 관점에서의 득점 분석뿐 아니라, 326개의 유효 슈팅을 막아낸 골키퍼 관점에서의 분석을 통해 가장 기초적인 질문들에 대한 응답을 알기 쉽게 제공하고자 한다.

공격은 어디서 시작했는지, 몇 번의 패스로 전개되었는지, 어디에서 슈팅했고 골문의 어떤 방향으로 향했는지, 그 시간은 얼마나 걸렸는지, 골키퍼는 과연 득점과 유효 슈팅에 몇 번 관여하였는지 등을 정리했다.

그뿐만 아니라 코너킥이나 프리킥 등의 세트피스는 몇 번 있었으며 이에 따른 득점과 유효 슈팅 확률은 얼마나 되는지, 가장 먼 거리의 슈팅은 누가 어디에서 했는지, 백승호의 멋진 중거리 슈팅은 172골 중 몇 번째로 먼 거리였는지, 대한민국의 득점과 유효 슈팅을 세계적 수준과 비교하면 어떠한지 등을 재미있게 살펴보고, 이러한 슈팅들을 골키퍼가 어떤 기술로 막아냈는지 등을 자세하게 분석해 보았다.

특히 경기력 관점에서 수준차가 있는 조별 리그와 16강 토너먼트의 분석 자료를 비교할 수 있도록 분류하여 정리하였으니, 준비한 자료가 골키퍼는 물론 일반 필드 선수들의 집중훈련을 구성할 때 작으나마 도움이 되기를 바라는 마음이다.

다만 1년여에 걸쳐서 분석한 자료에 혹 오류가 있을 수 있다는 점은 양지해 주시기 바란다. 향후에는 월드컵 몇 개 대회를 묶어 각종 기록과 통계를 정리, 분석해 볼 계획이며 이는 오로지 한국 축구의 발전을 위한 충정임을 독자 여러분이 이해해 주시리라 믿는다.

끝으로 이 책이 나오기까지 물심양면으로 도움을 준 중앙생활사

김용주 대표님을 비롯한 직원분들, 영상을 제공한 최용원 코치, 글의 수정을 도와준 50년지기 정기인과 크로스 친구들에게 깊은 감사를 표하는 바이다.

방화동 작은 방 책상에서
박영수

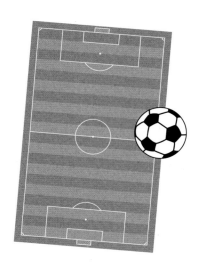

차례

3장　세트피스 득점 유형

4장　골키퍼의 눈으로 본 실점과 방어

1장

대륙별로 비교해 본
2022 카타르 월드컵

대한민국의 모든 득점과 실점

16강 진출과 5골 8실점

2022 카타르 월드컵에서 유럽과 남미, 아프리카 팀들을 골고루 상대한 대한민국은 32강 조별 리그를 통과하여 16강 토너먼트 진출에 성공하였다. 비록 16강에서는 영원한 우승 후보 브라질을 만나 8강 진출에 실패했지만, 한국 축구 수준을 한 단계 높일 수 있다는 능력과 자신감을 얻은 대회였다.

조별 리그 3경기와 16강 토너먼트 1경기를 치러 총 5골을 득점하였으며, 수많은 위기를 맞아 페널티 킥 1골을 포함해 8골을 실점하였다. 이러한 경기 내용의 득실점을 분석하여 우리의 장점은 계속 살려 발전시키고, 단점은 보완해서 앞으로 대한민국 축구 발전에 작은 보탬이 되었으면 하는 마음이다.

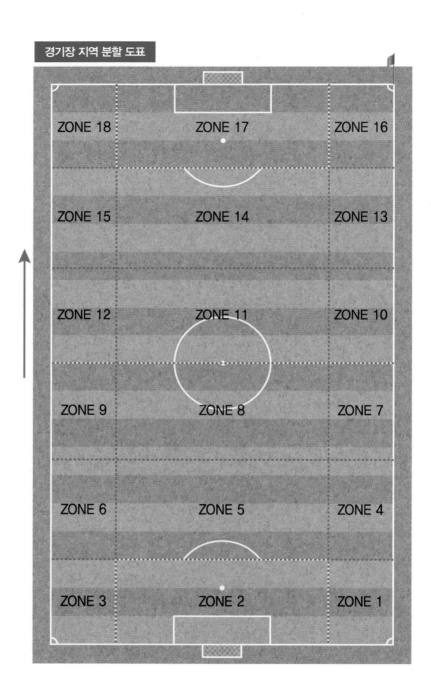

경기장 지역 분할 도표

경기장 지역 분할

공격수의 슈팅이 골문을 향해 멋지게 날아가 득점이 되거나 골키퍼가 막아내는 경우, 우리는 단지 그 순간 장면만을 보고 생각한다. 그러나 이 순간 장면을 시작한 위치가 있을 것이고, 이 슈팅을 시도한 위치도 존재한다.

골킥, 프리킥, 코너킥, 스로인 등 상대의 방해를 받지 않고 공격을 시작하는 경우 또는 상대의 공을 차단하여 소유한 순간을 공격 기점이라고 한다. 상대 선수에게 차단당하지 않고 패스를 연결하여 슈팅하거나, 개인 돌파를 통해 슈팅이 이루어지는 곳을 슈팅 위치라 하며 경기장을 18개 지역으로 구분하여 위치를 표시하였다. 이 〈경기장 지역 분할 도표〉에서 9번 지역 이하는 자기 진영에서의 시작을 말하며, 10번 지역 이상은 상대 진영에서의 공격 시작을 의미한다.

대한민국 5번의 득점 분석

대한민국이 2022 카타르 월드컵에서 기록한 5골을 공격 기점, 패스 연결 횟수, 공격 시간, 득점 위치, 슈팅 터치 수, 득점 종류, 세트피스 득점 등의 다양한 관점에서 데이터화하고, 각각의 득점 상황을 구체적으로 살펴보기로 하자. 앞의 〈경기장 지역 분할 도표〉를 공간적으로 참고하면 각각의 상황을 더 쉽게 이해할 수 있을 것이다.

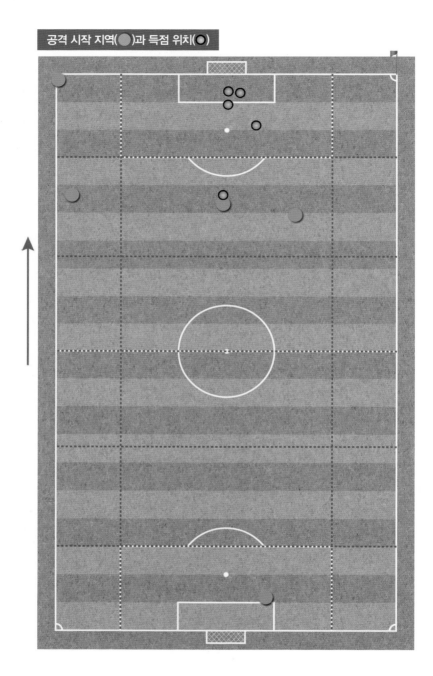

공격 시작 지역(●)과 득점 위치(○)

공격 기점 ▷▶

득점을 만들기 위해 처음 공격이 시작되는 위치가 있다. 코너킥이나 프리킥, 골킥 등 상대의 방해를 받지 않고 시작되는 공격 기점도 있지만, 상대의 공격을 차단하여 시작되는 위치도 있다. 상대 진영에서의 공격 기점은 세트피스를 제외하고는 상대의 공격을 차단하여 바로 역습을 시도한 것이다. 대한민국의 총 5골 중에 4번의 공격이 상대 진영에서 시작되었고, 나머지 1번의 공격은 우리 진영에서부터 시작해 득점했다.

(단위 : 득점)

패스 연결 횟수 ▷▶

대한민국이 브라질과 대결할 때 상대 수비수가 걷어낸 공을 교체

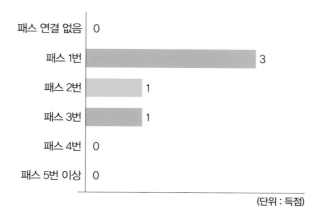

(단위 : 득점)

멤버로 들어간 백승호가 컨트롤한 뒤에 연결 없이 바로 슈팅하여 성공한 득점이 있고, 우리 수비수가 상대의 코너킥을 차단하여 손흥민, 황희찬까지 3번의 간결한 패스 연결로 이어져서 득점에 성공한 사례도 있다.

이와 같이 대한민국 팀은 공을 소유한 다음에 가장 적은 수의 패스 연결을 통해 효율적으로 득점에 성공하였다. 2022 카타르 월드컵 전체 172골을 놓고 봐도 3번 이내의 패스 연결을 통한 득점이 약 60%를 차지할 만큼 간결한 패스를 통한 슈팅이 득점으로 성공되었음을 알 수 있다.

공격 시간 ▷▶

2022 카타르 월드컵에서 대한민국이 공을 소유한 순간부터 득점까지 10초 이내의 시간을 소요한 득점이 3골이었고, 20초 이내가 2골이었다. 이 대회의 총 172골을 봐도 약 80%의 골이 20초 이내의 시간을 소요했음이 통계로 나타났다. 간결한 패스와 짧은 공격 시간, 상대 수비가 진영을 미처 갖추기 전의 슈팅이 얼마나 효과적인지 알

(단위 : 득점)

려주는 통계라고 할 수 있다.

득점 위치 ▷▷

역대 월드컵에서 대부분의 득점은 페널티에어리어 내 중앙에서 이루어졌으며, 2022 카타르 월드컵에서도 역시 이 지역에서 139골이 나와 약 80%의 득점이 이루어졌다. 대한민국이 득점한 5골 중 4골 역시 이 지역에서 만들어졌다는 사실은 대한민국의 공격이 세계적인 추세와 비슷한 결과를 보여주었음을 의미한다.

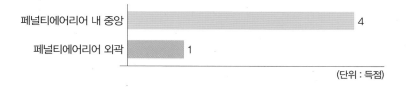

(단위 : 득점)

슈팅까지의 볼 터치 수 ▷▷

이동하는 공을 1터치로 슈팅하는 경우 상대 수비수뿐 아니라 골키퍼가 방어하기 어렵다는 것은 주지의 사실이며, 이는 공의 이동에 따라 수비수와 골키퍼가 정확한 위치 선정과 중심 잡기가 어렵기 때문인 것이다. 모든 대회에서 1터치 슈팅 득점이 많은 이유이며, 2022 카타르 월드컵에서도 약 70%의 득점이 1터치 슈팅으로 이루어졌다. 따라서 대한민국의 5골 가운데 4골이 1터치 슈팅이고 1골이 2터치 슈팅이라는 사실은 세계적 수준의 축구를 보여주었다고 볼 수 있다.

(단위 : 득점)

득점 종류 ▷▶

2022 카타르 월드컵에서는 전체 172골 중 약 32%의 득점이 크로스에 의해 이루어졌다. 대한민국은 총 5골 중에 크로스 상황에서 헤더 2골, 발 1골로 모두 3골을 득점하였다.

한편 백승호의 중거리 슈팅은 이번 월드컵 전체 페널티에어리어 외곽에서 나온 14골 중 1골이며, 프리킥 3골을 제외하면 이번 대회에서 3번째로 먼 거리의 중거리 슈팅에 의한 득점이다.

포르투갈과의 경기 때 황희찬의 침투를 통한 1대1 상황에서 올린 멋진 득점 장면을 감안하면 대한민국의 공격력도 세계적인 팀과 비교해 손색이 없다는 평가를 들을만하다고 본다.

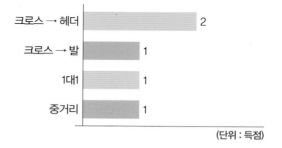

(단위 : 득점)

세트피스 득점 ▷▶

　대한민국은 코너킥에서의 1골과 프리킥 1골로 세트피스에서 총 2골을 득점하였다. 2022 카타르 월드컵의 전체 경기에서 코너킥은 총 547번이 나왔고, 이 중에 10골이 성공되어 평균 55번의 기회에 1골(1.8%)이 득점으로 이어졌다고 볼 수 있다. 그리고 득점을 노리는 307번의 프리킥 중 20골만이 골망을 갈랐다. 이는 평균 15번의 기회에 1골(6.7%)이 프리킥에 의해 득점으로 연결된 것으로 나타났다. 따라서 1골도 성공하지 못한 팀을 감안할 때 대한민국의 세트피스 득점은 대단히 효율적인 결과를 가져온 셈이다.

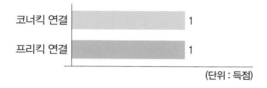

(단위 : 득점)

대한민국의 1번째 득점 장면 ▷▶

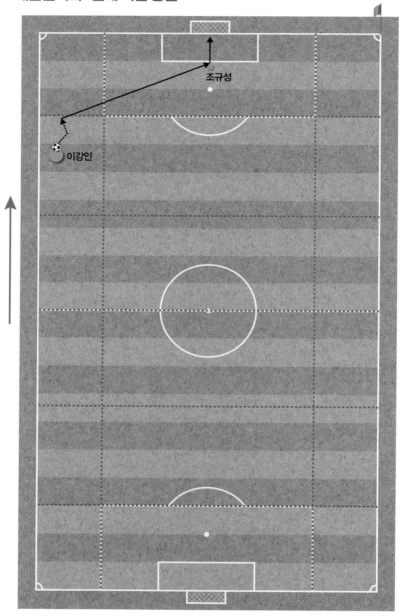

경기팀 : 대한민국 대 가나	득점 시간 : 후반 12분
공격 기점 : 15번 지역	패스 연결 수 : 1번
소요 시간 : 10초 이내	득점 지역 : 페널티에어리어 중앙
슈팅 터치 수 : 1터치	득점 방향 : 하
어시스트 : 이강인	득점 : 조규성
골키퍼 : 로런스 아티지기	

대한민국과 가나의 2022 카타르 월드컵 H조 3번째 경기 후반 12분. 상대 진영 왼쪽 터치라인 부근에서 우리의 패스가 상대 선수에게 차단된 순간 손흥민과 이강인이 상대 선수를 압박했다. 이강인이 공을 되찾았고, 곧바로 페널티에어리어 중앙으로 크로스를 올렸다. 상대 수비수 뒤에서 빠르게 전진한 조규성에게 이 크로스가 연결되었고, 멋진 헤더 슈팅이 가나 골키퍼 로런스 아티지기의 왼편 낮은 방향으로 향하여 득점에 성공했다.

공을 소유하고부터 10초 이내에 1번의 패스와 1터치 슛으로 이뤄진 득점이었다. 선수들의 적극적인 협력 수비, 압박하여 공을 소유한 순간의 빠른 크로스 연결로 상대 수비수들이 진용을 갖추기 전에 공격함으로써 득점할 수 있었던 장면이다.

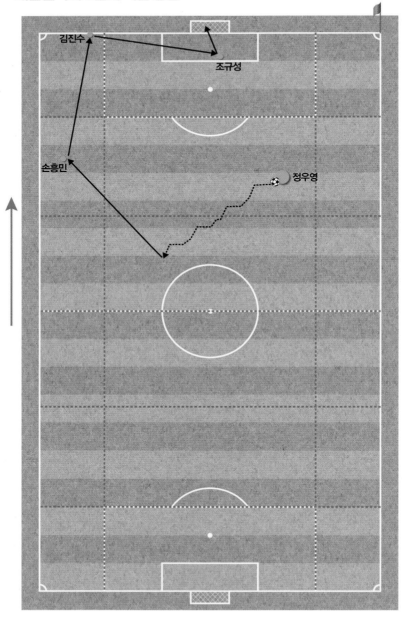

경기팀 : 대한민국 대 가나   득점 시간 : 후반 15분

공격 기점 : 14번 지역   패스 연결 수 : 3번

소요 시간 : 11~20초 이내   득점 지역 : 페널티에어리어 내 중앙

슈팅 터치 수 : 1터치   득점 방향 : 상

어시스트 : 김진수   득점 : 조규성

골키퍼 : 로런스 아티지기

대한민국과 가나의 2022 카타르 월드컵 H조 3번째 경기 후반 15
분. 상대 진영 오른편에서 상대 수비수의 볼 컨트롤 실책을 후반 교
체 투입된 정우영이 차단했다. 정우영이 중앙 하프라인 방향으로 드
리블 후 왼쪽 측면에 있던 손흥민에게 패스했고, 손흥민은 골라인 방
향으로 이동하는 김진수에게 패스했다.

김진수는 공을 골라인 방향으로 몰고 가서 문전으로 크로스를 올
렸고, 뒤에서 전진한 조규성이 상대 수비수보다 높게 전진 점프하여
가나 골키퍼 로런스 아티지기의 머리 상단으로 헤더 득점에 성공했
다. 공을 소유하고부터 20초 이내에 3번의 패스와 1터치 슛으로 이
뤄진 득점이었다.

대한민국의 3번째 득점 장면 ▷▷

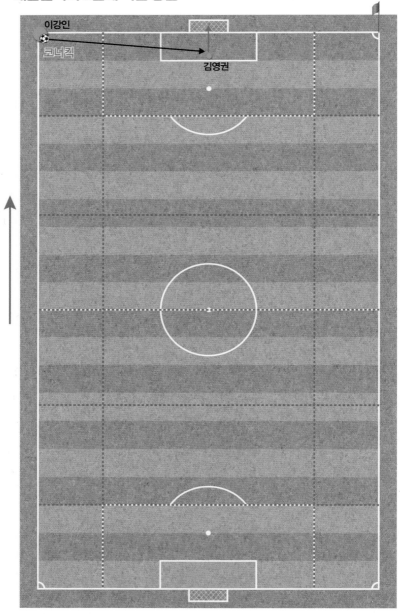

경기팀 : 대한민국 대 포르투갈

공격 기점 : 18번 지역

소요 시간 : 10초 이내

슈팅 터치 수 : 1터치

어시스트 : 이강인

골키퍼 : 디오구 코스타

득점 시간 : 전반 26분

패스 연결 수 : 1번

득점 지역 : 페널티에어리어 내 중앙

득점 방향 : 하

득점 : 김영권

대한민국과 포르투갈의 2022 카타르 월드컵 H조 최종전 전반 26분. 좌측 코너킥을 이강인이 페널티에어리어 중앙으로 보냈다. 크리스티아누 호날두의 등에 맞고 흐르는 공을 김영권이 넘어지면서 발로 슈팅하여 득점을 만들었다. 이강인의 킥은 상대 수비수가 처리하기 쉽지 않게 높은 위치에서 떨어지는 정말 멋진 킥이었고, 끝까지 슈팅을 만든 김영권의 집중력도 높이 살만하다. 공을 소유하고부터 10초 이내에 1번의 패스와 1터치 슛으로 이뤄진 득점이었다.

대한민국의 4번째 득점 장면 ▷▶

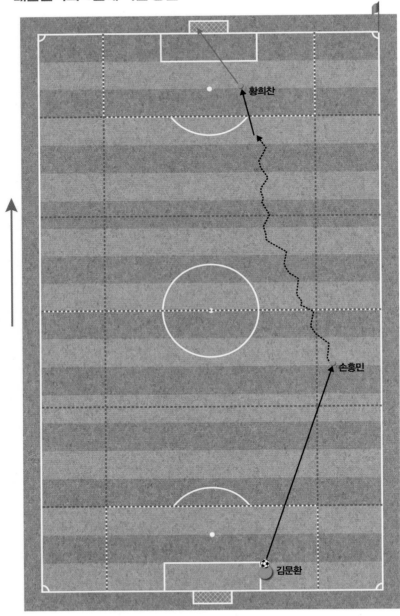

황희찬

손흥민

김문환

경기팀 : 대한민국 대 포르투갈　　득점 시간 : 후반 추가 시간

공격 기점 : 2번 지역　　　　　패스 연결 수 : 2번

소요 시간 : 11~20초 이내　　　득점 지역 : 페널티에어리어 중앙

슈팅 터치 수 : 1터치　　　　　득점 방향 : 하

어시스트 : 손흥민　　　　　　　득점 : 황희찬

골키퍼 : 디오구 코스타

　대한민국과 포르투갈의 2022 카타르 월드컵 H조 최종전 후반 추가 시간. 우리 진영 오른쪽에서 상대 코너킥을 외곽으로 처리했다. 코너 부근에서 상대 선수를 막기 위해 포진했던 손흥민이 이 공을 잡았다. 손흥민은 빠른 속도로 상대 진영 앞까지 전진 드리블한 다음, 페널티에어리어 중앙으로 침투하던 황희찬에게 패스를 찔러줬다.

　상대 수비의 빈틈을 파고든 황희찬이 상대 골키퍼와의 1대1 찬스에서 오른발 논스톱 땅볼 슈팅을 시도했고, 포르투갈 골키퍼 디오구 코스타의 오른쪽 방향으로 보내서 득점에 성공했다. 공을 소유하고부터 20초 이내에 2번의 패스와 1터치 슛으로 이뤄진 득점이었다.

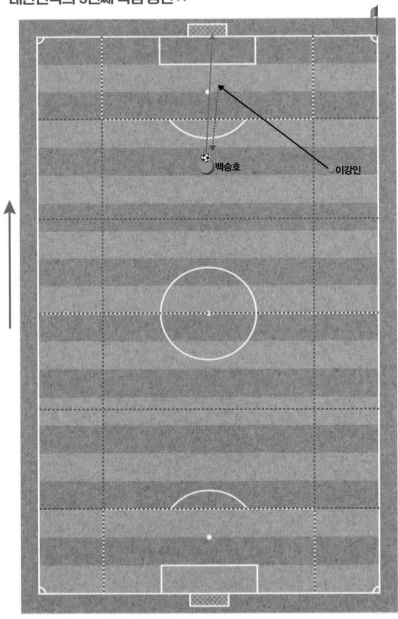

백승호

이강인

경기팀 : 대한민국 대 브라질	득점 시간 : 후반 31분
공격 기점 : 14번 지역	패스 연결 수 : 1번
소요 시간 : 10초 이내	득점 지역 : 페널티에어리어 외곽
슈팅 터치 수 : 2터치	득점 방향 : 하
어시스트 : 수비수 처리	득점 : 백승호
골키퍼 : 알리송 베케르	

대한민국과 브라질의 2022 카타르 월드컵 16강전 후반 31분. 상대 진영 오른쪽 측면에서 얻은 프리킥을 이강인이 문전으로 보냈다. 브라질 선수가 헤딩으로 그 공을 처리했는데, 페널티에어리어 밖에 포진했던 백승호에게 연결되었다. 공을 정확히 컨트롤한 백승호의 왼발 중거리 슈팅이 브라질 골키퍼 알리송 베케르의 세이빙을 벗어나 골키퍼의 왼쪽으로 들어갔다. 프리킥을 제외하면 2022 카타르 월드컵에서 3번째로 먼 중거리 슈팅에 의한 득점이었다.

참고로 페널티에어리어 외곽 중앙에서의 득점은 프리킥을 포함해도 총 12골뿐인 것을 생각하면 정말 대단한 골이었다. 공을 소유하고부터 1번의 패스와 2터치 슛으로 이뤄진 득점이었다.

대한민국의 8번의 실점 분석

대한민국이 2022 카타르 월드컵에서 실점한 8골을 공격 시점, 패스 연결 횟수, 공격 시간, 실점 위치, 슈팅 터치 수 등의 다양한 관점에서 통계화하고, 각각의 실점 상황을 구체적으로 살펴보자.

공격 기점 ▷▶

골키퍼의 연결 또는 상대 선수들이 공을 소유한 순간부터 시작되는 공격 위치, 공을 차단해 공격을 시작하는 지점 등을 공격 기점이라고 한다. 코너킥, 프리킥 등의 세트피스도 포함된다.

이 공격 기점에 따라 우리 수비의 보완점도 다르다. 상대의 공격 기점이 상대 진영에서부터인 실점이 4차례였는데, 이것은 상대의 빌드업을 우리가 제대로 수비해내지 못했음을 의미한다. 상대의 공격 기점이 우리 진영에서부터인 실점도 4차례였는데, 이것은 우리의 패스 연결이 차단되어 상대에게 역습당했거나 세트피스에 의한 실점을 허용했음을 의미한다.

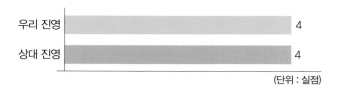

(단위 : 실점)

38

공격 시작 지역(⬤)과 실점 위치(◯)

패스 연결 횟수 ▷▶

상대 선수들의 패스 연결 횟수가 5번 이상이 많다는 것은 우리 팀 수비 전술이 상대의 빌드업에 대해 적절하게 대응하지 못했다는 것을 뜻한다. 특히 가나전에서 30번 이상의 패스 연결을 허용하면서 실점한 것은 많은 아쉬움이 남는다.

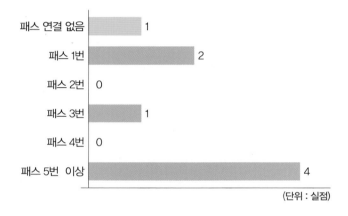

(단위 : 실점)

공격 시간 ▷▶

브라질전 페널티 킥 실점과 가나전의 프리킥 실점을 제외하면, 상대 선수들이 많은 패스를 연결하면서 공격 시간을 길게 소요했다는 사실을 알 수 있다. 구체적으로는 상대가 공을 소유한 순간부터 10초 이내에 4골, 21~30초 이내에 3골을 실점했다. 31초 이상의 시간 동안 공의 소유권을 내주어 실점한 사례도 1골 있었다. 상대의 빌드업에 대한 우리의 수비 전술과 대처 방안에 대해 연구하고, 상황별로 전개되는 다양한 훈련이 요구된다.

(단위 : 실점)

실점 위치 ▷▶

　우리가 실점한 위치는 8골 모두 페널티에어리어 내 중앙으로, 모든 대회에서 통상 골이 제일 많이 이루어지는 곳이다. 따라서 다음 대회에서도 가장 많은 골이 발생할 위험지역인 것이다. 그러므로 연습 시이 지역의 중요성을 인식하여 골키퍼와 수비 훈련을 통해 실점을 막기 위한 철저한 대비가 필요하다고 본다.

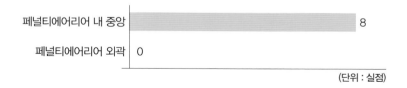

(단위 : 실점)

슈팅까지의 볼 터치 수 ▷▶

　우리의 8실점 중 6골이 1터치였고 페널티에어리어 중앙에서 허용했다. 나머지 2실점도 2터치로 이루어졌다. 이 통계는 2022 카타르 월드컵뿐 아니라 세계적인 대회의 통계 자료도 거의 비슷하며, 모든 대회에서 계속 반복될 가능성이 높다. 이 자료를 바탕으로 수비수와

골키퍼가 잘 대처할 수 있는 훈련 프로그램이 만들어져 실전에 활용
된다면 좋은 결과가 나올 것으로 기대된다.

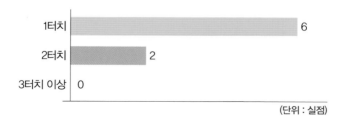

(단위 : 실점)

실점 종류 ▷▶

2022 카타르 월드컵에서도 역시 크로스에 의한 실점이 많이 이루
어졌다. 대한민국 실점 8골 중 크로스에 의한 실점이 5골이며, 특히
크로스에서 연결된 후 발에 의한 실점이 많다는 것은 우리 수비 훈
련을 준비하는 데 많은 시사점을 주고 있다.

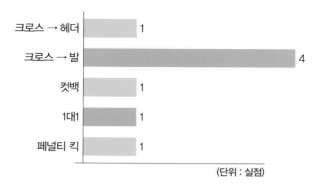

(단위 : 실점)

대한민국의 1번째 실점 장면 ▷▶

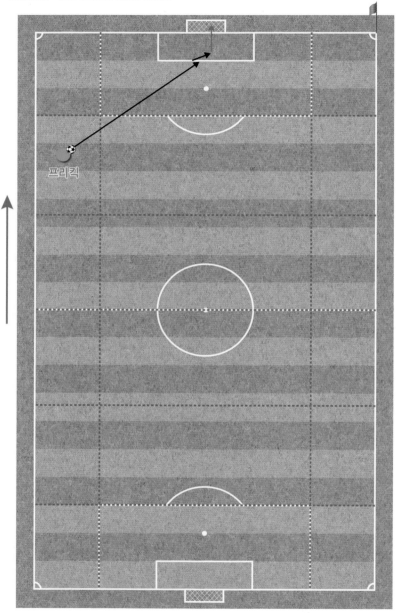

프리킥

경기팀 : 대한민국 대 가나   득점 시간 : 전반 23분
공격 기점 : 15번 지역   패스 연결 수 : 1번
소요 시간 : 10초 이내   득점 지역 : 페널티에어리어 내 중앙
슈팅 터치 수 : 1터치   득점 방향 : 하
어시스트 : 조르당 아예우   득점 : 모하메드 살리수
골키퍼 : 김승규

　대한민국과 가나의 2022 카타르 월드컵 H조 3번째 경기 전반 23
분. 우리 진영 골키퍼 우측 터치라인 부근 프리킥을 조르당 아예우가
페널티에어리어 중앙 부근으로 연결했다. 우리 수비수와 상대 공격
수의 헤딩 경합으로 공이 골 에어리어 근처에 떨어져 혼전 중에 모
하메드 살리수가 땅볼 슈팅을 골키퍼 김승규의 좌측으로 보내 이 경
기의 우리 팀 첫 실점을 기록했다. 볼을 내주고부터 10초 이내에 1번
의 패스와 1터치 슛으로 이뤄진 실점이었다.

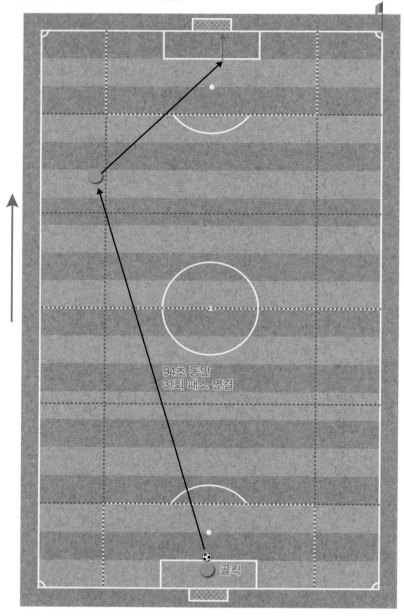

94초 동안
31회 패스 연결

골킥

46

경기팀 : 대한민국 대 가나

공격 기점 : 2번 지역

소요 시간 : 31초 이상

슈팅 터치 수 : 1터치

어시스트 : 조르당 아예우

골키퍼 : 김승규

득점 시간 : 전반 34분

패스 연결 수 : 5번 이상

득점 지역 : 페널티에어리어 내 중앙

득점 방향 : 하

득점 : 모하메드 쿠두스

대한민국과 가나의 2022 카타르 월드컵 H조 3번째 경기 전반 34분. 가나 진영에서부터 빌드업이 진행될 때 우리 선수들의 적극적인 대인 마크가 이뤄지지 않아서, 조르당 아예우가 침착하게 크로스를 할 수 있는 빌미를 제공했다. 이 크로스가 모하메드 쿠두스에게 정확하게 전달되어 우리 수비수의 방해 없이 헤더 슈팅으로 이어졌고, 대한민국은 두 번째 실점을 허용했다. 공을 내주고부터 30초를 넘는 시간 동안 5번 이상의 패스와 1터치 슛으로 이뤄진 실점이었다.

대한민국의 3번째 실점 장면 ▷▶

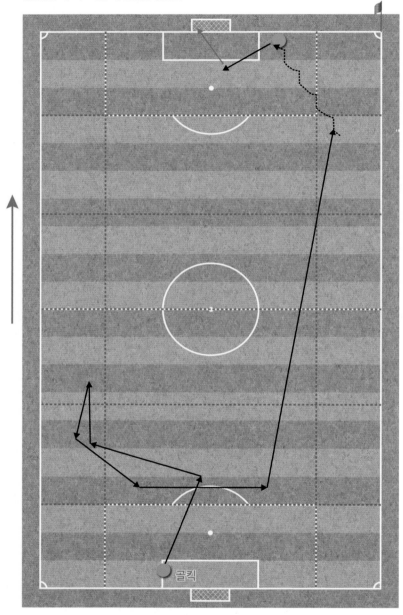

골킥

경기팀 : 대한민국 대 가나

공격 기점 : 7번 지역

소요 시간 : 21~30초 이내

슈팅 터치 수 : 1터치

어시스트 : 기드온 멘사

골키퍼 : 김승규

득점 시간 : 후반 22분

패스 연결 수 : 5번 이상

득점 지역 : 페널티에어리어 내 중앙

득점 방향 : 하

득점 : 모하메드 쿠두스

　대한민국과 가나의 2022 카타르 월드컵 H조 3번째 경기 후반 22분. 가나 진영 하프라인 부근에서 다니엘 아마티의 프리킥으로 시작된 공격이 우리 진영 우측으로 연결되었다. 기드온 멘사가 크로스를 페널티에어리어 중앙으로 올렸고, 모하메드 쿠두스가 김진수의 태클을 피해 골키퍼 김승규의 우측으로 슈팅하면서 대한민국은 이 경기 세 번째 실점을 허용했다. 공을 내주고부터 30초 이내에 5번 이상의 패스와 1터치 슛으로 이뤄진 실점이었다.

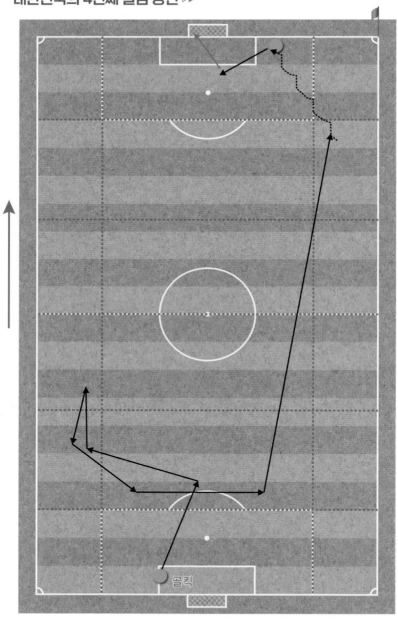

경기팀 : 대한민국 대 포르투갈   득점 시간 : 전반 4분

공격 기점 : 2번 지역   패스 연결 수 : 5번 이상

소요 시간 : 21~30초 이내   득점 지역 : 페널티에어리어 내 중앙

슈팅 터치 수 : 1터치   득점 방향 : 상

어시스트 : 디오구 달롯   득점 : 히카르두 오르타

골키퍼 : 김승규

　　대한민국과 포르투갈의 2022 카타르 월드컵 H조 최종전 전반 4분. 포르투갈 골키퍼 디오구 코스타부터 시작된 빌드업이 중앙 수비수 페페를 거쳐 우리 왼쪽 측면을 파고드는 디오구 달롯에게 연결되었다. 디오구 달롯은 개인 드리블을 통해 컷백 위치로 이동하여 페널티 에어리어 중앙으로 정확하게 패스했고, 히카르두 오르타가 공의 방향만 전환시켜서 골키퍼 김승규가 방어하기 어려운 곳으로 슈팅하여 대한민국은 실점하였다. 공을 내주고부터 30초 이내에 5번 이상의 패스와 1터치 슛으로 이뤄진 실점이었다.

대한민국의 5번째 실점 장면 ▷▶

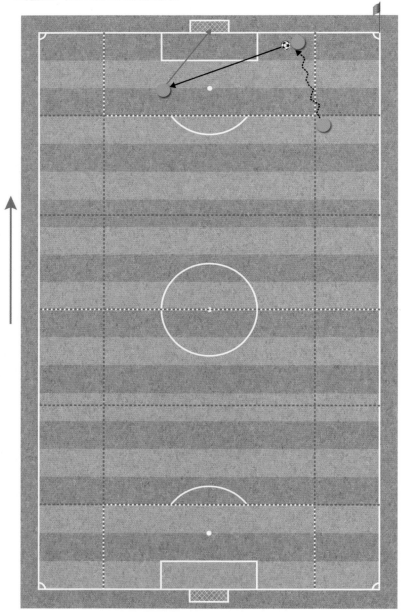

경기팀 : 대한민국 대 브라질 득점 시간 : 전반 6분

공격 기점 : 13번 지역 패스 연결 수 : 1번 패스

소요 시간 : 21~30초 이내 득점 지역 : 페널티에어리어 내 중앙

슈팅 터치 수 : 2터치 득점 방향 : 상

어시스트 : 하피냐 득점 : 비니시우스

골키퍼 : 김승규

대한민국과 브라질의 2022 카타르 월드컵 16강전 전반 6분. 브라질 선수들의 패스 연결이 지역 수비를 펼치던 우리 진영 왼편을 파고들었고, 특히 하피냐가 개인기와 2대1 연결 패스로 우리 수비수를 완벽하게 돌파해 땅볼 크로스로 연결했다. 페널티에어리어 중앙의 비니시우스가 이 공을 완벽하게 컨트롤한 후, 각을 좁히며 접근하던 골키퍼 김승규의 위쪽으로 공을 보내 우리 팀 첫 번째 실점이 되었다. 공을 내주고부터 30초 이내에 1번의 패스와 2터치 슛으로 이뤄진 실점이었다.

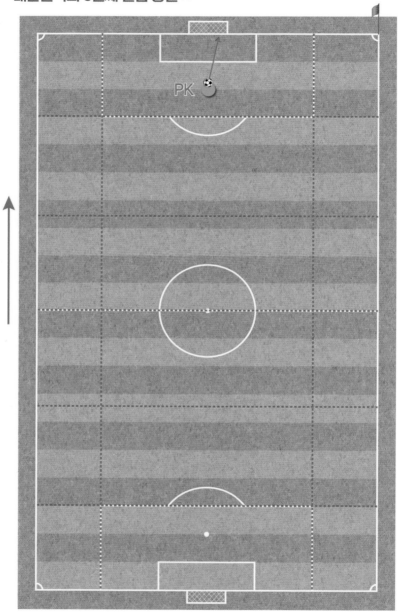

PK

경기팀 : 대한민국 대 브라질

득점 시간 : 전반 12분

공격 기점 : 17번 지역

패스 연결 수 : 연결 없음

소요 시간 : 10초 이내

득점 지역 : 페널티에어리어 내 중앙

슈팅 터치 수 : 1터치

득점 방향 : 하

어시스트 : 페널티 킥

득점 : 네이마르

골키퍼 : 김승규

대한민국과 브라질의 2022 카타르 월드컵 16강전 전반 12분. 페널티에어리어 모서리에서 태클에 의한 페널티 킥을 허용하여 네이마르가 골키퍼 김승규의 우측으로 보내 우리 팀 두 번째 실점이 되었다.

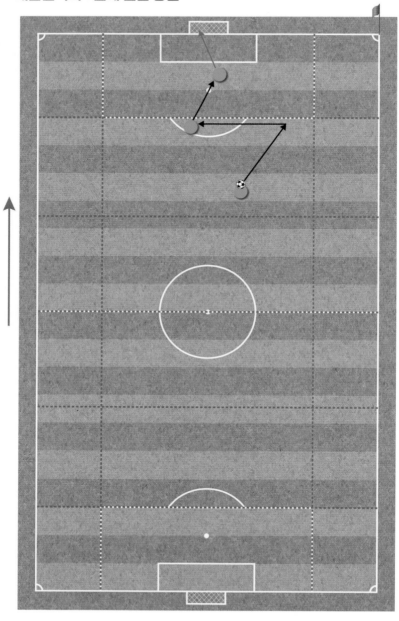

경기팀 : 대한민국 대 브라질   득점 시간 : 전반 28분

공격 기점 : 14번 지역   패스 연결 수 : 3번

소요 시간 : 10초 이내   득점 지역 : 페널티에어리어 내 중앙

슈팅 터치 수 : 2터치   득점 방향 : 하

어시스트 : 하피냐   득점 : 히샤를리송

골키퍼 : 김승규

    대한민국과 브라질의 2022 카타르 월드컵 16강전 전반 28분. 브라질의 크로스를 우리 수비수가 외곽으로 처리했다. 이 공을 잡은 히샤를리송이 우리 수비수와의 경합에서 끝까지 이겨낸 후 삼자 패스 연결을 통해 골키퍼 김승규 선수와 1대1 찬스를 만들었다. 히샤를리송이 우측으로 슈팅해 우리 팀 세 번째 실점이 되었다. 공을 내주고부터 10초 이내에 3번의 패스와 2터치 슛으로 이뤄진 실점이었다.

대한민국의 8번째 실점 장면 ▷▶

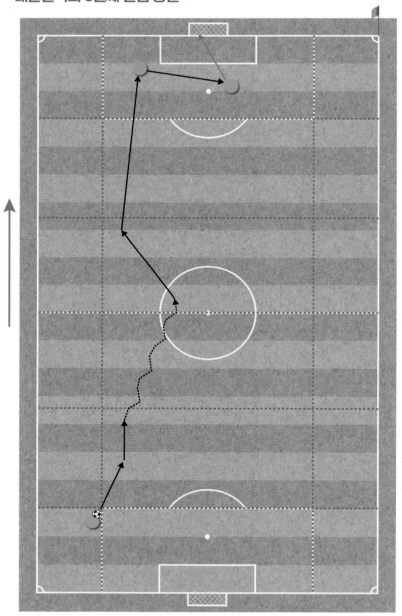

경기팀 : 대한민국 대 브라질　　득점 시간 : 전반 35분

공격 기점 : 3번 지역　　　　패스 연결 수 : 5번 이상

소요 시간 : 10초 이내　　　득점 지역 : 페널티에어리어 내 중앙

슈팅 터치 수 : 1터치　　　　득점 방향 : 하

어시스트 : 비니시우스　　　득점 : 루카스 파케타

골키퍼 : 김승규

　대한민국과 브라질의 2022 카타르 월드컵 16강전 전반 35분. 브라질 왼쪽 측면에서 우리의 공격을 차단한 브라질 선수들이 빠르게 역습했다. 미처 수비 진용을 갖추지 못한 대한민국 왼쪽 측면을 돌파하여 비니시우스가 칩샷 같은 크로스를 올렸다. 루카스 파케타가 오른발 논스톱 발리 슈팅으로 골키퍼 김승규의 우측에 보내 대한민국은 4번째 실점을 하였다. 공을 내주고부터 10초 이내에 5번 이상의 패스와 1터치 슛으로 이뤄진 실점이었다.

준수했던 득점력과 아쉬웠던 실점 상황

대한민국의 모든 득점은 2022 카타르 월드컵 분석 자료의 평균치보다 높게 나왔고 세계의 어떤 팀과 비교해도 손색이 없다. 특히 공을 소유한 순간부터 간결한 패스 연결과 빠른 전개 그리고 1터치에 의한 페널티에어리어 내 중앙에서의 득점 등은 세계적인 축구의 흐름과 일치하였다. 그러나 실점 장면을 되짚어보면, 크로스 상황에서 상대 선수에게 자유로운 슈팅을 허용하였고 그에 따라 페널티에어리어 중앙에서 많은 실점을 허용하고 말았다.

월드컵에서의 16강 진출은 정말 기쁜 일이다. 하지만 여기에 만족하지 말고 앞으로 더 좋은 성적을 얻기 위해서는 실점에 대한 대비책을 연구하고 준비해야 한다. 그래서 다음 월드컵뿐만 아니라 다른 국제대회에서도 실점률을 줄여서 세계적인 수비력 수준을 갖추어 안정적인 수비를 바탕으로 경기를 운영함으로써 세계적인 수준이라 할 수 있는 공격력이 더욱 살아나 좋은 성적을 올릴 수 있을 것으로 본다.

아시아 축구가 만난 세계 축구

아시아 팀의 성장

2022 카타르 월드컵에 참가한 아시아 6개국 중 3개국이 16강에 진출하여 아시아 축구의 위상이 나날이 높아지고 있음을 확인했다. 아시아 팀들과 21경기를 상대한 20개국 팀의 다양한 자료를 분석하여,

아시아	대한민국, 사우디아라비아, 이란, 일본, 카타르, 호주
유럽	네덜란드, 덴마크, 독일, 스페인, 웨일스, 잉글랜드, 크로아티아, 포르투갈, 폴란드, 프랑스
남미	브라질, 아르헨티나, 에콰도르, 우루과이
북중미	멕시코, 미국, 코스타리카
아프리카	가나, 세네갈, 튀니지
아시아 팀을 만나지 않은 국가	벨기에, 세르비아, 스위스, 캐나다, 모로코, 카메룬

아시아 팀들이 2022 카타르 월드컵에 참가한 다른 팀들과 어떤 차이점이 있는지, 현재의 수준은 어떠하며 장단점은 무엇인지 살펴보기로 한다.

아시아 팀 1경기당 득실점 ▷▶

아시아 팀은 1경기당 1.05득점과 1.76실점을 기록하여 득실 차가 컸다. 아프리카 팀과의 경기에서는 1경기당 2실점이나 기록했고, 유럽 팀과의 경기에서는 1경기당 1.3득점으로 득점률이 상당히 높았

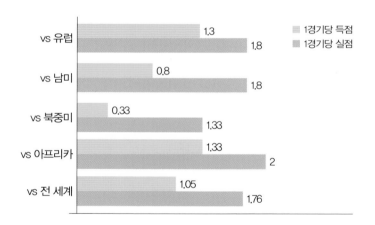

구분	경기 수	총득점	총실점	득실차
vs 유럽	10	13	18	−5
vs 남미	5	4	9	−5
vs 북중미	3	1	4	−3
vs 아프리카	3	4	6	−2
합계	21	22	37	−15

으나 1경기당 1.8실점으로 실점률 역시 높았다. 그리고 북중미와의 3경기에서는 1골을 득점하여 0.33의 득점률, 4골을 실점하여 1.33의 실점률을 기록해서 역시 득실차가 크게 나타났다.

아시아 팀 득실점의 기점 ▷▷

아시아 팀의 득점 장면은 주로 상대 진영에서 공을 차단하거나, 세트피스 등으로 총득점의 약 60%가 만들어졌다. 이는 2022 카타르 월드컵 전체 경기에서 나온 약 62%와 비교해도 큰 차이가 없다.

그러나 아시아 팀의 실점 상황에서는 약 80%의 비율로 자기 진영에서 상대에게 공격을 허용했다. 이는 수비의 빌드업 도중에 차단당하거나, 세트피스 상황에서 많이 실점한 것이다. 자기 진영에서의 빌드업, 패스 중의 실수 또는 인터셉트 등은 바로 실점으로 연결된다는 사실을 극명하게 보여준다. 특히 남미 팀에 내준 실점의 90%가 아시아 팀 진영에서 상대에게 공격 시작을 허용한 탓이라는 사실은 아시아 팀이 풀어야 할 숙제라고 본다.

득점의 기점과 최종 슈팅 위치 ▷▷

〈경기장 지역 분할 도표〉에 따라 살펴보면, 자기 진영에서 공격을 시작한 득점이 전체의 41%에 해당하는 9골이고, 상대 진영에서 공격을 시작한 득점이 59%에 해당하는 13골로 더 많다. 특히 아시아 팀의 득점 지역은 페널티에어리어 내, 외곽 중앙에서 모두 이루어져 세계적인 팀들과 비교해도 손색이 없다고 할 수 있다.

ZONE	1	2	3	4	5	6	7	8	9	10	11	12	13	14	15	16	17	18	총득점
기점	−	2	−	2	1	1	2	−	1	−	1	−	2	4	1	1	3	1	22
슈팅 위치	−	−	−	−	−	−	−	−	−	−	−	−	−	4	−	−	18	−	22

아시아 팀 22득점의 최종 슈팅 위치

● 1터치　● 2터치　● 3터치 이상

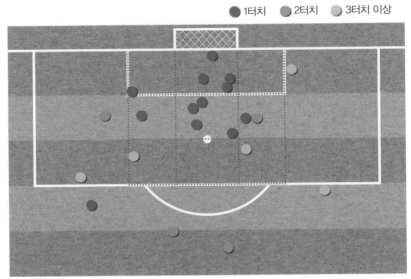

PK : 1골

아시아 팀 22득점의 기점

실점의 기점과 최종 슈팅 위치 ▷▶

아시아 팀이 자기 진영에서 볼을 차단당하거나 세트피스로 실점을 허용한 경우가 총 29골로 전체 실점의 약 80%에 해당한다. 상대 진영에서 시작된 빌드업에 의한 실점이 8골로 약 20%에 불과한 사실과는 대조적이다. 자기 진영에서 상대에게 공격을 허용한 요인은 다양하지만, 실점으로 바로 이어질 수 있기 때문에 수비 전술 훈련 시 집중적으로 실점 장면을 분석하여 훈련을 실시하여야 한다는 교훈

ZONE	1	2	3	4	5	6	7	8	9	10	11	12	13	14	15	16	17	18	총실점
기점	–	3	1	1	1	–	1	–	1	1	3	1	1	7	3	5	6	2	37
슈팅 위치	–	–	–	–	–	–	–	–	–	–	–	–	–	1	–	–	36	–	37

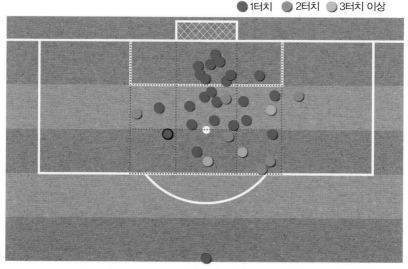

아시아 팀 37실점의 최종 슈팅 위치

● 1터치　● 2터치　○ 3터치 이상

PK : 4골

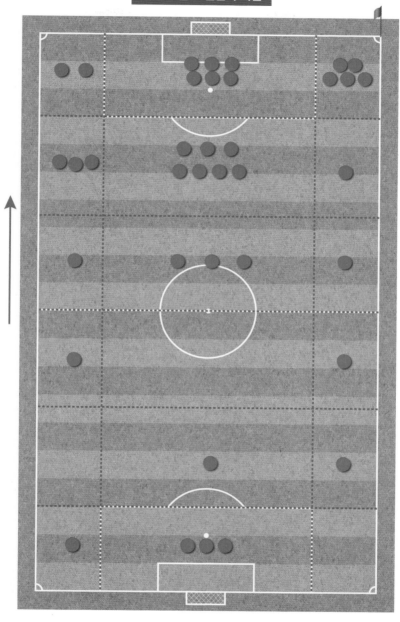

아시아 팀 37실점의 기점

을 주고 있는 대목이다.

아시아 팀 득점의 최종 슈팅 위치 ▷▶

아시아 팀의 득점은 페널티에어리어 내 중앙에서 페널티 킥 포함 총 15골, 68%가 이루어졌다. 페널티에어리어 외곽에서 4골, 페널티에어리어 내 사이드 쪽에서는 3골을 득점해서 이 대회의 평균 득점률 80%와는 차이가 나는 편이다. 아시아 팀이 상대했던 다른 대륙 팀은 페널티에어리어 내 중앙에서 35골, 페널티에어리어 내 사이드 쪽에서 1골, 페널티에어리어 외곽에서 1골을 얻었다.

이를 비교해 보면 결론적으로 페널티에어리어 내 중앙에서의 공격수 슈팅 훈련과 이를 막기 위한 수비 훈련이 더 필요하다는 교훈을 얻을 수 있다고 본다.

다른 대륙 팀을 상대할 때의 득점 위치 ▷▶

북중미와 아프리카 팀을 상대로 페널티에어리어(PA) 내 중앙에서 모든 득점을 기록하였다. 그러나 유럽이나 남미와의 경기에서는 페

구분	PA 내 중앙	PA 내 사이드	PA 외곽	페널티 킥	총득점
유럽	9	1	2	1	13
남미	–	2	2	–	4
북중미	1	–	–	–	1
아프리카	4	–	–	–	4
총득점	14 (64%)	3 (14%)	4 (18%)	1 (4%)	22

널티에어리어 내 중앙에서의 득점 비중이 조금 감소했다. 상대의 중앙 수비가 강한 것인지 정확한 분석이 필요하다.

다른 대륙 팀을 상대할 때의 실점 위치 ▷▷

페널티 킥을 제외해도 31골에 달하는 대부분의 실점이 페널티에어리어 내에서 이루어졌다. 이에 대한 정확한 분석을 통해 중앙 수비 훈련의 집중적 보완이 필요하다고 생각한다.

구분	PA 내 중앙	PA 내 사이드	PA 외곽	페널티 킥	총실점
유럽	17	–	–	1	18
남미	5	1	–	3	9
북중미	3	–	1	–	4
아프리카	6	–	–	–	6
총실점	31 (84%)	1 (3%)	1 (3%)	4 (10%)	37

다른 대륙 팀과의 득실점 슈팅 방향 비교 분석 ▷▷

2022 카타르 월드컵 전체 득점 중 골키퍼 무릎 아래의 득점이 페널티 킥을 제외해도 55%로 나타나, 아시아 팀 슈팅 방향 41%와 상당한 차이를 보인다. 대부분의 공격수들이 골키퍼 무릎 아래 방향으로 슈팅을 하는 것은 골키퍼가 막기 어렵기 때문이다. 공격수 슈팅 훈련과 골키퍼 훈련에 참고해야 할 것이다.

아시아 팀 득점의 슈팅 방향 ▷▶

득점 방향으로 볼 때 상 5골, 중 7골, 하 9골로 '하' 방향이 높은 편이다. 하지만 다른 대륙 팀들의 '하' 방향 20득점과 비교해 보면, 아시아 팀의 전체 득점 대비 '하' 방향의 비율은 낮은 편이어서 다른 대륙팀들의 슈팅 방향과 차이가 큰 점은 눈여겨봐야 할 대목이다.

구분	상	중	하	페널티 킥	총득점
유럽	2	6	4	1	13
남미	2	–	2	–	4
북중미	–	–	1	–	1
아프리카	1	1	2	–	4
총득점	5 (23%)	7 (32%)	9 (41%)	1 (4%)	22

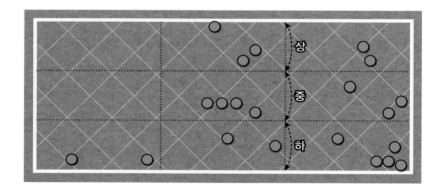

아시아 팀 실점의 슈팅 방향 ▷▶

아시아 팀은 페널티 킥 4실점을 제외한 33골 중 61%에 해당하는 20골을 골키퍼 무릎 아래 방향으로 실점했다. 다른 대륙 팀들의 득점 슈팅 방향이 아시아 팀과 차이가 있음을 의미한다.

구분	상	중	하	페널티 킥	총실점
유럽	4	3	10	1	18
남미	1	–	5	3	9
북중미	2	1	1	–	4
아프리카	1	1	4	–	6
총실점	8 (22%)	5 (13%)	20 (54%)	4 (11%)	37

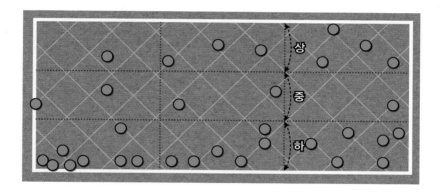

아시아 팀 득실점의 볼 터치 수 ▷▷

득점 상황의 볼 터치 수도 꽤 다르다. 아시아 팀이 득점할 때 1터치 비중이 전체의 55%에 해당하는 12골로, 전체 득점의 65%를 1터치로 성공시킨 다른 대륙들과 차이가 난다. 득점 확률이 높은 것은 1터치 슈팅이라는 사실이 이번 대회에서도 확인됐다.

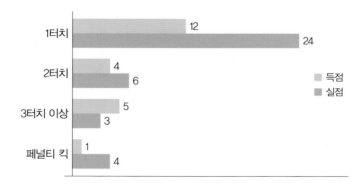

다른 대륙 팀에게 득점할 때의 볼 터치 수 ▶▶

페널티 킥 1골을 제외하고 아시아 팀의 총 21득점을 분석해 보면, 57%에 해당하는 12골을 1터치로 득점했다. 19%에 해당하는 4골이 2터치 득점이었고, 3터치 이상 득점은 5골로 24%를 기록했다. 1터치 슈팅이 골로 연결될 확률이 높음을 알 수 있다.

그러나 다른 대륙과의 경기에 견주어 보면, 1터치 득점에 차이가 있음을 알 수 있다. 페널티 킥 4골을 제외하고 다른 대륙 팀의 총 33 득점을 분석해 보면, 1터치가 24골로 73%, 2터치가 6골로 18%, 3터 치 이상이 3골로 9%를 기록했다.

구분	1터치	2터치	3터치 이상	페널티 킥	총득점
유럽	7	1	4	1	13
남미	1	2	1	–	4
북중미	–	1	–	–	1
아프리카	4	–	–	–	4
총득점	12	4	5	1	22

다른 대륙 팀에게 실점할 때의 볼 터치 수 ▷▶

아프리카 팀에게 완벽하게 득점을 했으나 역시 1터치로 모든 실점을 했다. 남미 팀들은 2터치의 비중이 크다. 개인 드리블 능력의 차이인지 정확한 분석이 필요하다.

구분	1터치	2터치	3터치 이상	페널티 킥	총실점
유럽	13	1	3	1	18
남미	2	4	–	3	9
북중미	3	1	–	–	4
아프리카	6	–	–	–	6
총실점	24	6	3	4	37

득실점 소요 시간 ▷▶

공을 소유한 순간부터 득점이 이루어질 때까지의 시간과 관련하여 아시아 팀들의 기록은 어떠한지 분석해 다른 대륙의 상대 팀들과 비교해 보았다. 득점 소요 시간은 대부분 20초 이내이며, 이는 세계적 추세와도 비슷하다. 실점 역시 20초 이내가 대부분이지만, 31초 이

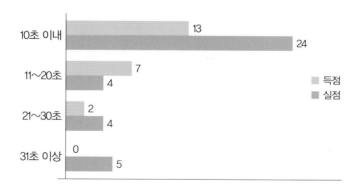

상 소요된 실점이 5골로 많다는 사실은 상대의 빌드업 공격에 대한 수비 대응이 취약했음을 보여준다고 하겠다.

다른 대륙 팀을 상대할 때의 득점 소요 시간 ▷▶

아시아 팀의 공격 시 단 2번을 제외하면 모두 20초 이내의 공격으로 득점했음을 볼 때, 공격력에서는 아시아 팀도 세계적인 수준임을 보여주었다.

구분	10초 이내	11~20초	21~30초	31초 이상	총득점
유럽	8	5	–	–	13
남미	4	–	–	–	4
북중미	–	1	–	–	1
아프리카	1	1	2	–	4
총득점	13	7	2	–	22

다른 대륙 팀을 상대할 때의 실점 소요 시간 ▷▶

상대의 빌드업 공격에 대한 아시아 팀의 수비에서 약점을 잘 분석하여 대비해야 한다.

구분	10초 이내	11~20초	21~30초	31초 이상	총실점
유럽	9	3	3	3	18
남미	8	1	–	–	9
북중미	3	–	–	1	4
아프리카	4	–	1	1	6
총실점	24	4	4	5	37

대륙별 득점 장면

대륙별 득점 기점과 슈팅 위치

득점을 얻기 위한 공격 기점부터 득점을 만든 슈팅 위치까지 다른 대륙 팀은 어떠한 결과를 얻었는지 자료를 비교해 보았다. 상대 진영부터 시작하는 공격과 자기 진영에서부터 만들어가는 빌드업 등 각 대륙의 특징을 중심으로 분석하였다.

〈경기장 지역 분할 도표〉에 따라 살펴보면 북중미와 아시아 팀들은 전체적으로 50%대의 상대 진영 공격률을 기록하였고, 남미·유럽·아프리카 팀들은 상대 진영에서의 공격률이 63%를 넘어섰다. 물론 아시아도 59%로 매우 근접한 비율을 보여주었으며, 세계적 추세인 상대 진영에서의 압박 또는 세트피스 등의 공격 전술이 득점으로 이어졌음을 알 수 있다.

페널티에어리어 내에서 득점률은 남미 97%, 유럽 94%, 아프리카

90% 등이며, 아시아는 82%, 북중미는 72%를 기록했다. 2022 카타르 월드컵에서 페널티에어리어 내 득점은 172골 중 158골로 92%의 압도적인 득점률을 나타냈다.

아시아 팀 득점 기점과 슈팅 위치 ▷▷

공격 기점이 자기 진영인 득점은 9골로 41%, 상대 진영인 득점은 13골로 59%였다. 그리고 슈팅 위치는 페널티에어리어 외곽 중앙이 4골로 22%, 페널티에어리어 내 중앙이 18골로 82%였다.

ZONE	1	2	3	4	5	6	7	8	9	10	11	12	13	14	15	16	17	18	총득점
기점	2	–	2	1	1	2	–	1	–	–	1	–	2	4	1	1	3	1	22
슈팅 위치	–	–	–	–	–	–	–	–	–	–	–	–	–	4	–	–	18	–	22

유럽 팀 득점 기점과 슈팅 위치 ▷▷

공격 기점이 자기 진영인 득점은 32골로 36%, 상대 진영인 득점은 58골로 64%였다. 그리고 슈팅 위치는 페널티에어리어 외곽 중앙이 5골로 6%, 페널티에어리어 내 중앙이 85골로 94%였다.

ZONE	1	2	3	4	5	6	7	8	9	10	11	12	13	14	15	16	17	18	총득점
기점	1	12	1	2	4	2	–	4	6	3	5	2	4	17	3	9	13	2	90
슈팅 위치	–	–	–	–	–	–	–	–	–	–	–	–	–	5	–	–	85	–	90

남미 팀 득점 기점과 슈팅 위치 ▷▶

공격 기점이 자기 진영인 득점은 11골로 38%, 상대 진영인 득점은 18골로 62%였다. 그리고 슈팅 위치는 페널티에어리어 외곽 중앙이 1골로 3%, 페널티에어리어 내 중앙이 28골로 97%였다.

ZONE	1	2	3	4	5	6	7	8	9	10	11	12	13	14	15	16	17	18	총득점
기점	–	1	1	1	2	1	2	3	–	1	–	3	–	2	–	1	10	1	29
슈팅 위치	–	–	–	–	–	–	–	–	–	–	–	–	–	1	–	–	28	–	29

북중미 팀 득점 기점과 슈팅 위치 ▷▶

공격 기점이 자기 진영인 득점은 5골로 50%, 상대 진영인 득점은 5골로 50%였다. 그리고 슈팅 위치는 페널티에어리어 외곽 중앙이 1골로 10%, 페널티에어리어 내 중앙이 8골로 80%, 페널티에어리어 외곽 사이드가 1골로 10%였다.

ZONE	1	2	3	4	5	6	7	8	9	10	11	12	13	14	15	16	17	18	총득점
기점	1	–	–	–	3	1	–	–	–	–	–	–	–	2	1	–	1	1	10
슈팅 위치	–	–	–	–	–	–	–	–	–	–	–	–	–	1	–	–	8	1	10

아프리카 팀 득점 기점과 슈팅 위치 ▷▶

공격 기점이 자기 진영인 득점은 8골로 38%, 상대 진영인 득점은 13골로 62%였다. 그리고 슈팅 위치는 페널티에어리어 외곽 중앙이 1골로 5%, 페널티에어리어 내 중앙이 19골로 90%, 페널티에어리어 외곽 사이드가 1골로 5%였다.

ZONE	1	2	3	4	5	6	7	8	9	10	11	12	13	14	15	16	17	18	총득점
기점	1	3	–	–	1	1	2	–	–	2	1	–	1	2	2	1	2	2	21
슈팅 위치	–	–	–	–	–	–	–	–	–	–	–	–	–	1	–	19	1	21

득점까지의 대륙별 패스 연결 횟수

득점하기 위해 많은 패스를 연결하는 빌드업, 상대 진영에서 공을
차단한 이후 간결한 패스 연결을 통한 득점 등 다양한 형태의 공격
방법이 있다. 여기서는 페널티 킥을 패스 연결 없는 것으로 간주하여

구분	패스 연결 없음	패스 1번	패스 2번	패스 3번	패스 4번	패스 5번 이상	총득점
아시아	7	2	4	2	–	7	22
유럽	16	10	15	9	4	36	90
남미	11	–	6	2	3	7	29
북중미	2	2	–	3	–	3	10
아프리카	4	1	7	–	3	6	21
총득점	40	15	32	16	10	59	172

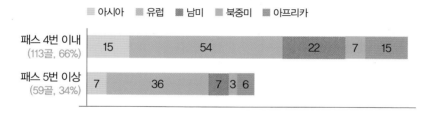

■ 아시아 ■ 유럽 ■ 남미 ■ 북중미 ■ 아프리카

패스 4번 이내
(113골, 66%)
15　54　22　7　15

패스 5번 이상
(59골, 34%)
7　36　7　3　6

패스 연결 횟수를 분석하였다.

총득점의 60%를 4번 이내의 패스로 기록한 유럽 팀들의 공격 형태가 빠르고 간결하며, 또한 다양한 패스 연결을 통한 지공도 잘한다는 사실을 알 수 있다. 물론 아시아 팀들도 간결한 패스 연결을 이용한 공격 패턴은 세계적인 팀들과 큰 차이를 보이지 않았다.

득점 슈팅까지의 대륙별 볼 터치 수

득점하기 위한 최종 슈팅까지의 볼 터치 수를 대륙별로 비교 분석하였다. 2022 카타르 월드컵에서 페널티 킥을 제외한 1터치 득점률은 62%이며, 페널티 킥을 포함하면 1터치 득점률은 72%이다. 이번 분석에서는 페널티 킥을 포함한 비율이다.

구분	1터치	2터치	3터치 이상	총득점
아시아	13 (59%)	4 (18%)	5 (23%)	22
유럽	68 (76%)	14 (15%)	8 (8%)	90
남미	18 (62%)	4 (14%)	7 (24%)	29
북중미	8 (80%)	1 (10%)	1 (10%)	10
아프리카	18 (86%)	1 (4%)	2 (10%)	21
총득점	125	24	23	172

1터치 슈팅의 득점 비율은 아시아 팀이 가장 낮은 것으로 나타났으며, 2022 카타르 월드컵의 전체적인 비율과 비교해도 차이가 난다. 따라서 1터치 득점률을 높이기 위한 슈팅 훈련 방법을 터득하도

록 해야 할 것이다.

득점까지의 대륙별 소요 시간

공을 소유한 후 얼마나 빨리 득점했는지 대륙별 차이를 비교 분석
하였다. 간결한 패스와 빠른 공격은 상대 수비진과 골키퍼에게 부담
을 주어 득점할 확률이 높다.

구분	10초 이내	11~20초	21~30초	31초 이상	총득점
아시아	13	8	1	–	22
유럽	48	19	11	12	90
남미	16	9	2	2	29
북중미	6	2	–	2	10
아프리카	11	4	4	2	21
총득점	94	42	18	18	172

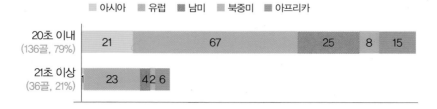

아시아 팀들이 공을 소유한 후 압도적으로 가장 빠른 공격 시간 안
에 득점을 했다. 이러한 기록은 앞으로도 계속 발전시켜나가면 세계
적인 팀들과 대등하게 경쟁할 수 있다는 희망을 준다.

대륙별 크로스 득점

2022 카타르 월드컵에서 크로스에 의해 가장 많은 득점이 이루어졌다. 대륙별 분석을 통해 경기당 크로스에 의한 득점을 가장 많이 만들어낸 대륙이 어디인지 알아보았고, 현재 아시아 팀들은 어느 정도인지 확인해 보았다.

구분	프리 헤더	경쟁 헤더	발	총득점	총경기 수	1경기당 득점
아시아	4	–	3	7	21	0.33
유럽	14	2	18	34	56	0.61
남미	1	–	2	3	21	0.14
북중미	1	–	1	2	10	0.2
아프리카	5	1	5	11	20	0.55
합계	25	3	29	57	128	0.45

분석 결과 유럽 팀과 아프리카 팀의 크로스 득점이 월등히 높음을 알 수 있다. 이는 유럽과 아프리카 팀들의 경우 측면 돌파를 통한 크로스 공격 루트를 많이 활용하여 득점한다는 것을 보여준다. 반면에 남미 및 북중미 팀들은 크로스에 의한 득점이 상당히 낮게 나타난다. 개인기에 의한 중앙 돌파처럼 이들의 공격 전술이 중앙에 집중되었음을 알 수 있다. 유럽 또는 아프리카 팀들과 경기할 때는 크로스 방어를 특히 대비하여 훈련에 반영토록 해야 할 것이다. 아시아 팀은 2022 카타르 월드컵 평균 비율인 경기당 0.45골보다 낮아서 크로스 득점에 관한 연구와 집중훈련이 필요하다고 본다.

조별 리그, 토너먼트 득점 장면

득점 기점과 슈팅 위치

　조별 리그와 토너먼트 경기의 각종 자료를 비교 분석하면 두 그룹 간의 차이점을 찾을 수 있다. 조별 리그에서는 1경기당 2.5골이 터졌던 반면에 토너먼트에서는 1경기당 3.25골로 더 많은 평균 득점을 기록했다. 상위 라운드로 올라갈수록 세계적인 팀들의 막강한 공격력에 의한 득점 결과라고 볼수 있다. 스코어 3대3으로 승부차기까지 갔던 아르헨티나와 프랑스의 결승전은 화끈한 골 잔치가 많았던 2022 카타르 월드컵의 상징적인 경기였다.

조별 리그 ▷▷

　조별 리그 전체 48경기에서 총 120골이 터졌다. 〈경기장 지역 분할 도표〉에 따라 살펴보면, 그중 공격 기점이 자기 진영인 득점은 44골로 37%, 상대 진영인 득점은 76골로 63%였다.

ZONE	1	2	3	4	5	6	7	8	9	10	11	12	13	14	15	16	17	18	총득점
기점	1	14	–	4	6	5	5	3	6	4	5	5	5	17	7	7	19	7	120
슈팅 위치	–	–	–	–	–	–	–	–	–	–	–	–	–	9	–	–	109	2	120

토너먼트 ▷▶

토너먼트 전체 16경기에서 총 52골이 터졌다. 〈경기장 지역 분할 도표〉에 따라 살펴보면, 그중 공격 기점이 자기 진영인 득점은 21골로 40%, 상대 진영인 득점은 31골로 60%였다. 세계적인 팀들의 맞대결인 토너먼트 경기에서는 수비의 안전을 우선시하면서 플레이하기 때문에 상대 진영에서부터의 공격이 조별 리그보다는 적다는 것을 알 수 있다.

ZONE	1	2	3	4	5	6	7	8	9	10	11	12	13	14	15	16	17	18	총득점
기점	1	5	2	1	5	1	1	4	1	2	2	–	3	9	–	5	10	–	52
슈팅 위치	–	–	–	–	–	–	–	–	–	–	–	–	–	3	–	–	49	–	52

득점까지의 라운드별 패스 연결 횟수

공을 소유한 순간부터 득점하기까지 몇 번의 패스 연결이 이루어졌는지 비교 분석하였다.

구분	패스 연결 없음	패스 1번	패스 2번	패스 3번	패스 4번	패스 5번 이상	총득점
조별 리그	26	12	24	10	6	42	120
토너먼트	13	3	8	6	4	18	52
총득점	39	15	32	16	10	60	172

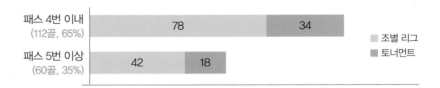

슈팅까지의 라운드별 볼 터치 수

슈팅 터치 수를 세 그룹으로 나눠 비교하였다. 페널티 킥을 포함한 1터치 슈팅 득점의 비중이 가장 높다. 하지만 토너먼트 경기에 한정하면 1터치 슈팅의 득점 비중이 조금 줄어들고, 2~3터치 슈팅의 득점 비중이 소폭 상승하기 때문에 더 자세한 분석이 필요하다.

구분	1터치	2터치	3터치 이상	총득점
조별 리그	89 (74%)	15 (13%)	16 (13%)	120
토너먼트	36 (69%)	9 (17%)	7 (14%)	52
총득점	125	24	23	172

득점까지의 라운드별 소요 시간

공을 소유한 순간부터 득점할 때까지 걸리는 시간을 비교 분석하였다. 2022 카타르 월드컵에서 대부분의 득점이 20초 이내에 이루어져 속공이 세계적 추세임을 알 수 있다.

구분	10초 이내	11~20초	21~30초	31초 이상	총득점
조별 리그	64	27	15	14	120
토너먼트	30	15	3	4	52
총득점	94	42	18	18	172

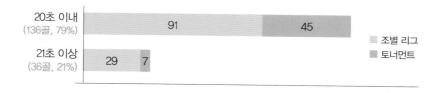

라운드별 크로스 득점

크로스에 의한 득점을 발과 헤더의 2가지 형태로 분류했다. 헤더 슈팅은 다시 프리 헤더와 경쟁 헤더의 2가지 형태로 분류하여 분석

구분	프리 헤더	경쟁 헤더	발	총득점
조별 리그	20 (47%)	1 (2%)	22 (51%)	43
토너먼트	5 (36%)	2 (14%)	7 (50%)	14
총득점	25	3	29	57

하였다.

라운드별 득점 슈팅 방향

골키퍼를 기준으로 높이는 상, 중, 하 3방향으로 나눠 분석하였다. 득점이 가장 많이 이루어지는 방향은 골문 좌우 골키퍼 무릎 아래 방향이다. 2022 카타르 월드컵에서도 이 방향으로 가장 많은 득점이 이루어져, 이 두 그룹의 비율을 비교하였다. 단, 조별 리그의 페널티 킥 5골과 토너먼트의 페널티 킥 8골은 제외하고 분석하였다.

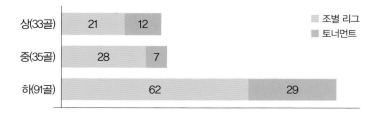

골키퍼 무릎 아래 방향으로 91골이 이루어져 전체 득점의 57%를 기록하였다. 특히 골키퍼 무릎 아래 좌, 우 방향의 득점이 69골로 43%의 비중을 차지하여 골키퍼 무릎 위 방향의 모든 득점보다 높고, 모든 골키퍼가 실점을 많이 하는 것으로 나타났다.

2장

월드 클래스 팀들의 득점과 유효 슈팅 분석

경기 시간대별 득점과 유효 슈팅 분포

유효 슈팅의 정의

먼저 유효 슈팅을 정확하게 정의할 필요가 있다. 득점도 일반적으로 유효 슈팅에 포함된다. 하지만 여기서는 득점 장면, 그리고 골로 이어지진 않았지만 골과 다름없는 슈팅을 구분해서 분석하기 위하여 유효 슈팅을 다음과 같이 정의하였다. 이하 '유효 슈팅'이라고 함은 다음의 3가지 경우에 준한 상황을 의미한다.

첫째, 골키퍼가 골문으로 들어가는 공을 막아낸 것.

둘째, 골키퍼를 지나 골문 안으로 들어가는 공을 수비수가 막아낸 것.

셋째, 골대를 맞고 나온 것.

득점과 유효 슈팅 시간대

경기 중 득점을 가장 많이 하는 시간대에 관한 통계 자료는 흔하며, 2022 카타르 월드컵에 대한 자료도 많을 것이다. 그러나 유효 슈팅에 관한 시간대별 분석은 별로 없다. 따라서 유효 슈팅과 득점의 시간대별 분포를 비교해 보았다.

유효 슈팅을 막더라도 사실 골키퍼에게는 이것이 수비 전술 관점에서 실점과 거의 동일하다. 따라서 어느 시간대에 공격수가 득점할 확률이 가장 높으며, 반대로 수비수가 집중해야 할 시간대가 언제인지 파악하는 데 이 자료가 많은 도움이 될 것이다.

득점과 유효 슈팅의 전후반 및 연장전 비율은 유사하게 나오며, 전반전보다 후반전에 득점과 유효 슈팅의 비율이 높다. 이는 선수들의 체력과 집중력이 떨어지면서 나타나는 현상으로 보인다. 또한 득점과 유효 슈팅은 후반 21~30분에 62회로 가장 많이 나타났으며, 후반 시작 10분 이내의 시간대에도 유효 슈팅 횟수가 52회로 상당히 높게 나타난 점은 주목할 만한 내용이다. 이는 전반전에 나타난 상대 팀의 전력을 양 팀 모두 하프타임에 분석하고, 후반에 적용할 전략전술을 전개하기 시작하는 시점에 나타난 결과라고 볼 수 있다.

최다 득점 시간대는 후반 시작 10분 이내(21골)와 후반 21~30분대(22골), 합해서 43골이 이 시간대에 나왔다. 그리고 전반 31~40분대에도 22골이 나왔고, 후반 31~40분대가 20골로 그 뒤를 이었다. 전후반 모두 31~40분대에 집중력이 필요함을 알 수 있다. 특히 후반

구분		득점	유효 슈팅	득점 및 유효 슈팅
전반	10분 이내	12	24	36 (7%)
	11~20분	7	24	31 (6%)
	21~30분	12	32	44 (9%)
	31~40분	22	28	50 (10%)
	41~45분	10	20	30 (6%)
	추가 시간	5	13	18 (4%)
후반	10분 이내	21	31	52 (11%)
	11~20분	16	32	48 (10%)
	21~30분	22	40	62 (12%)
	31~40분	20	26	46 (9%)
	41~45분	6	17	23 (4%)
	추가 시간	15	32	47 (9%)
연장	전반	1	2	3 (1%)
	후반	3	5	8 (2%)
합계		172골	326회	498회

31~40분대는 체력 저하와 맞물려 집중력이 급격히 떨어지는 시간대이므로, 이때는 수비에 최대한 집중해야 하는 시간이다.

전후반 시작 10분 이내의 경기 초반, 전후반 41분 이후의 경기 종반을 함께 살펴보면 69골의 득점과 137회의 유효 슈팅이 나왔다. 특히 후반 시작 10분 이내가 위의 통계표에서 보듯이 높은 유효 슈팅 횟수와 득점을 기록한, 경기 중 가장 주의해야 할 시간대다.

한편 추가 시간대 득점과 유효 슈팅을 살펴보면, 전반 추가 시간대 득점과 유효 슈팅은 합쳐서 18회로 전체의 4%에 불과했다. 후반 추가 시간대 득점과 유효 슈팅이 총 47회로 9%를 기록한 것에 비하면 차이가 크게 나타나 상당히 재미있고 유의미한 결과를 보여주고 있다. 이는 전반 추가 시간대에는 경기를 안전하게 운영하도록 한 결과라고 볼 수 있으며, 후반 추가 시간대에는 뒤처진 팀이 총공세를 펼칠 수밖에 없고, 득점하기 위한 양 팀의 공격적 경기 운영이 뚜렷하게 나타난 것이라 볼 수 있다.

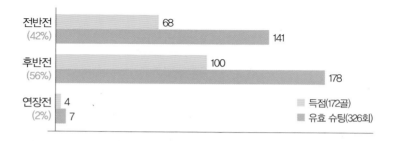

득점과 유효 슈팅의 기점과 슈팅 위치

득점 시의 공격 기점

〈경기장 지역 분할 도표〉에 따라 살펴보면, 공격 기점이 자기 진영일 때 65골로 전체 172득점의 38%가 이뤄졌고, 공격 기점이 상대 진영일 때는 107골로 전체 172득점의 62%에 해당한다. 이는 공격 기점이 상대 진영일 때 득점 확률이 높다는 것을 보여주고, 수비가 빌드업에서 실수하거나 공을 잘못 처리하여 상대 공격수에게 공을 빼앗길 때 실점으로 이어지는 경우가 많음을 알 수 있다.

따라서 공격 시 상대 진영에서의 압박 플레이가 중요하며, 수비진영에서의 빌드업 실수가 매우 위험하고, 상대 진영에서 공을 빼앗아 빠르게 공격할 때 득점할 확률이 높다. 즉 수비에서의 빌드업은 안전하게 이뤄져야 하며, 반대로 공격수들은 2022 카타르 월드컵처럼 상대 진영에서 공을 빼앗아 빠르게 공격한다면 좋은 결과를 얻을 수 있을 것이다.

참고로 조별 리그는 공격 기점이 자기 진영일 때 44골로 37%, 상대 진영일 때 76골로 63%다. 또한 토너먼트만 보면 공격 기점이 자기 진영일 때 21골로 40%, 상대 진영일 때 31골로 60%다. 이는 조

ZONE	1	2	3	4	5	6	7	8	9	10	11	12	13	14	15	16	17	18	총득점
조별 리그	1	14	–	4	6	4	5	5	5	4	5	5	4	18	7	6	20	7	120
토너먼트	1	5	2	1	5	1	1	4	1	2	2	–	3	11	–	5	8	–	52
총득점	2	19	2	5	11	5	6	9	6	6	7	5	7	29	7	11	28	7	172

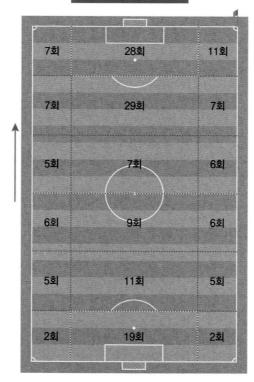

득점 기점의 분포도

별 리그의 경우 두 팀의 경기력 차이로 인한 결과로 볼 수 있으며, 토너먼트의 경우에는 전력 차이가 뚜렷하지 않으므로 평균보다 낮게 나타났다.

득점 시의 슈팅 위치

페널티에어리어 내에서 페널티 킥을 포함해 전체 172득점의 92%에 해당하는 158골이 나왔다. 페널티에어리어 외곽 정면에서는 7%인 12골, 페널티에어리어 외곽 사이드에서는 1%인 단 2골만을 얻었다. 득점하기 위한 훈련을 어디에서 해야 하며, 특히 골키퍼 입장에서 실점을 줄이기 위한 대비 훈련을 어디에서 해야 하는지 이 자료가 잘 보여준다.

ZONE	1	2	3	4	5	6	7	8	9	10	11	12	13	14	15	16	17	18	총득점
조별 리그	–	–	–	–	–	–	–	–	–	–	–	–	–	9	–	–	109	2	120
토너먼트	–	–	–	–	–	–	–	–	–	–	–	–	–	3	–	–	49	–	52
총득점	–	–	–	–	–	–	–	–	–	–	–	–	–	12	–	–	158	2	172

유효 슈팅 시의 기점

〈경기장 지역 분할 도표〉에 따라 살펴보면, 유효 슈팅 전체 326회 가운데 42%에 해당하는 137회는 자기 진영에서 공격을 시작하였으며, 58%에 해당하는 189회는 상대 진영에서 공을 차단하거나 세트 피스 등으로 공격을 시작하여 유효 슈팅까지 이루어진 것이다.

이는 득점 시와 마찬가지로 상대 진영에서의 공격 기점에 따른 유효 슈팅이 많게 나타난 것으로, 상대 진영에서의 공격 차단이 여전히 중요한 득점원이 된다는 것을 알 수 있다.

그리고 유효 슈팅의 기점이 상대 진영인 경우는 조별 리그보다 토너먼트에서 더 비율이 높았다. 즉, 조별 리그의 유효 슈팅 총 235회 가운데 공격 기점이 자기 진영인 경우는 102회로 43%, 상대 진영인 경우는 133회로 57%였고, 이에 비해 토너먼트의 유효 슈팅 총 91회 가운데 기점이 자기 진영인 경우는 35회로 38%, 상대 진영인 경우는 56회로 62%였다. 상위 라운드일수록 자기 진영에서 패스를 차단당하면 거의 바로 유효 슈팅까지 이어지며, 실점의 빌미가 됨을 알 수 있다.

한편 조별 리그에서는 경기당 4.9개, 토너먼트에서는 경기당 5.7개의 유효 슈팅을 골키퍼가 방어한 것으로 나타났다. 상위 라운드로 진출한 팀일수록 골키퍼의 방어 능력이 좋다고 평가할 수 있는 점이 매우 흥미롭다.

ZONE	1	2	3	4	5	6	7	8	9	10	11	12	13	14	15	16	17	18	합계
조별 리그	3	17	2	8	15	11	12	21	13	7	25	9	14	32	13	13	11	9	235
토너먼트	–	8	–	3	9	3	5	6	1	2	4	10	1	22	1	6	6	4	91
합계	3	25	2	11	24	14	17	27	14	9	29	19	15	54	14	19	17	13	326

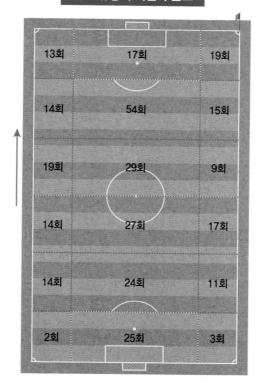

유효 슈팅의 기점의 분포

13회	17회	19회
14회	54회	15회
19회	29회	9회
14회	27회	17회
14회	24회	11회
2회	25회	3회

유효 슈팅의 위치

유효 슈팅의 위치는 페널티에어리어 내에서 186회로 전체의 57%, 페널티에어리어 외곽 정면에서 127회로 전체의 39%에 해당하여, 유효 슈팅의 96%가 이 두 지역에서 이루어졌음을 알 수 있다. 즉 여기서 대부분의 선수들이 득점을 노리는 유효 슈팅을 한 것으로 나타났다.

이 두 지역에서의 유효 슈팅을 분석한 결과, 페널티에어리어 내에서의 득점을 포함한 총 유효 슈팅 수 344개 중 득점은 158골로 46%의 득점 성공률을 보였고, 페널티에어리어 외곽 정면에서의 득점을 포함한 총 유효 슈팅 수 139개 중 득점은 12골로 9%의 득점 성공률을 기록해 현격한 차이를 보였다.

페널티에어리어 내에서의 유효 슈팅은 2개 중 1개꼴로 득점에 성공하였고, 같은 유효 슈팅이지만 페널티에어리어 밖에서의 유효 슈팅은 11개 중 1개만 성공한 셈이다. 이는 공격수의 슈팅 훈련 위치와 골키퍼의 방어 훈련 시 참고할 만한 기록이 될 것이다.

ZONE	1	2	3	4	5	6	7	8	9	10	11	12	13	14	15	16	17	18	합계
조별 리그	–	–	–	–	–	–	–	–	–	–	–	–	1	85	1	3	143	2	235
토너먼트	–	–	–	–	–	–	–	–	–	–	–	–	–	42	2	2	43	2	91
합계	–	–	–	–	–	–	–	–	–	–	–	–	1	127	3	5	186	4	326

득점과 유효 슈팅 시 패스 연결 횟수

패스 연결과 득점의 상관관계

공을 소유해 공격을 시작한 순간부터 득점하거나 유효 슈팅이 되기까지 다양한 상황이 전개된다. 예를 들면, 16강 브라질전 때 백승호가 상대 수비진에서 클리어한 공을 컨트롤한 후 패스 연결 없이 바로 20m 거리에서 중거리 슈팅을 시도해 멋지게 득점했던 골 장면이 있다. 반면에 잉글랜드와 이란의 조별 리그 B조 1경기에서 후반 45분 잉글랜드가 34번의 패스 연결을 통한 빌드업으로 만든 잭 그릴리시의 득점처럼 많은 과정을 거친 골 장면이 있다.

이번 자료에서는 많은 패스 연결을 통한 빌드업과 간결한 패스 연결 중 어느 것이 더 효율적이고 득점 확률이 높은 공격 방법인지 분석했다. 팀의 공격 전술, 선수 개개인의 능력에 따라 다양한 공격 방법을 구사할 수 있지만, 궁극적으로 추구할 목표를 정하는 데에 이 자료를 참고할 수 있을 것이다.

득점 시 패스 연결 횟수 분석 결과 ▷▶

2022 카타르 월드컵에서 나온 총 172골의 득점 장면을 분석한 결과, 다음 표와 같은 패스 연결을 통해 골이 이뤄졌다. 이 중 4회 이하의 패스 연결을 통해 득점한 경우는 114골이며, 5회 이상 패스 후 득점은 58골로 나타났다.

이로부터 간결한 패스 연결이 득점을 만들어낼 확률이 높음을 알수 있다. 참고로 대한민국이 득점한 5골 모두 3번 이내의 패스 연결을 통해 나온 것은 이를 뒷받침하는 근거라고 할 수 있다. 물론 빌드업을 통한 득점도 많지만, 간결한 패스 연결과 빠른 공격으로 상대 수비를 혼란하게 만들어 득점하는 것이 2022 카타르 월드컵의 트렌드라고 여겨진다.

구분	패스 연결 없음	패스 1번	패스 2번	패스 3번	패스 4번	패스 5번 이상	총득점
조별 리그	27	12	24	10	6	41	120
토너먼트	13	3	8	6	5	17	52
총득점	40 (23%)	15 (9%)	32 (19%)	16 (9%)	11 (6%)	58 (34%)	172

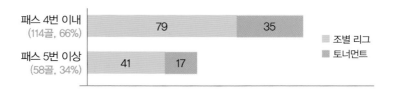

이제 2022 카타르 월드컵 우승팀인 아르헨티나와 준우승팀인 프랑스의 득점 시 패스 연결을 분석한 자료를 살펴보자.

아르헨티나, 프랑스 득점 시 패스 연결 횟수 ▷▶

　결승전에 진출한 두 팀은 패스 4번 이내의 빠른 득점이 17회, 5번 이상의 패스 연결을 통한 득점이 14회였다. 아르헨티나는 간결한 패스 연결에 의한 득점이 많고, 프랑스는 빌드업에 의한 다양한 패스 연결로 많이 득점했다. 일반적으로 남미 팀인 아르헨티나가 빌드업에 의한 다양한 패스 연결로 많이 득점할 것으로 생각되지만, 결과는 반대였다. 따라서 패스 연결 횟수를 분석한 이 자료를 통해서 두 팀의 전체적인 경기 운영에 나타나는 특징을 비교해 볼 수 있을 것이다.

구분	패스 연결 없음	패스 1번	패스 2번	패스 3번	패스 4번	패스 5번 이상	총득점
아르헨티나	6	–	3	1	1	4	15
프랑스	2	–	2	2	–	10	16
총득점	8 (26%)	– (0%)	5 (16%)	3 (10%)	1 (3%)	14 (45%)	31

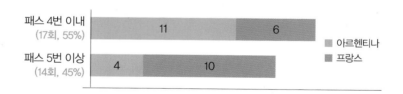

유효 슈팅과 패스 연결 횟수의 상관관계 ▷▶

2022 카타르 월드컵 전체 경기에서 나온 유효 슈팅 326회 가운데 4번 이내의 간결한 패스 연결로 이뤄진 유효 슈팅이 215회로 66%나 차지한다. 이는 많은 패스 연결에 의한 빌드업으로도 유효 슈팅 기회를 만들 수 있지만, 빠르고 간결한 패스 연결로 유효 슈팅 기회를 훨씬 더 많이 만들 수 있음을 보여준다. 조별 리그와 토너먼트를 비교해도 차이가 없었으며, 빠르고 간결한 패스 연결이 유효 슈팅 기회를 많이 만들어냄을 알 수 있다.

구분	패스 연결 없음	패스 1번	패스 2번	패스 3번	패스 4번	패스 5번 이상	합계
조별 리그	45	35	37	23	12	83	235
토너먼트	18	17	19	3	6	28	91
합계	63 (19%)	52 (16%)	56 (17%)	26 (8%)	18 (6%)	111 (34%)	326

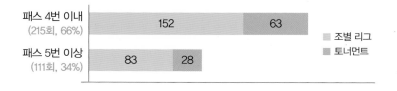

아르헨티나, 프랑스의 유효 슈팅 시 패스 연결 횟수 ▷▶

두 팀이 결승전에서 보여준 유효 슈팅을 분석해 보면, 패스 4번 이내의 빠른 유효 슈팅이 62%, 5번 이상의 패스 연결을 통한 유효 슈팅이 38%로 전체 경기를 분석한 결과와 비슷했다. 이는 간결한 패스 연결을 통해 득점을 노리는 것이 전체 경기의 트렌드임을 보여준다.

구분	패스 연결 없음	패스 1번	패스 2번	패스 3번	패스 4번	패스 5번 이상	합계
아르헨티나	3	5	7	2	2	12	31
프랑스	3	4	3	–	2	7	19
합계	6 (12%)	9 (18%)	10 (20%)	2 (4%)	4 (8%)	19 (38%)	50

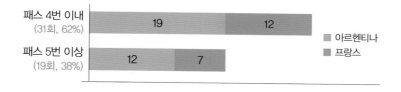

공격 시점에서 득점까지 소요 시간

득점을 위해 필요한 시간

조별 리그 포르투갈전에서 코너킥 후 흘러나온 공을 대한민국의 손흥민이 상대 진영 페널티에어리어 부근까지 드리블해서 황희찬에게 연결하여 득점에 성공한 장면이 있었다. 그 처음 수비의 헤더부터 득점까지 소요된 시간은 얼마나 될까? 그리고 최초 빌드업부터 골까지 2022 카타르 월드컵을 통틀어 가장 긴 시간이 걸린, 조별 리그 가나전에서 우리나라의 2번째 실점은 몇 초를 소요했을까?

우리는 축구 경기를 관람하거나 분석할 때 주로 드리블, 패스, 득점 등에 초점을 맞추는 게 일반적이다. 하지만 이 자료는 공을 소유한 순간부터 상대 골문을 향해 슈팅한 순간까지의 시간대를 구분하여 공격 시간과 득점의 관계를 정리하였다.

많은 패스 연결을 통해 상대의 약점을 노리는 빌드업, 공을 차단하는 순간 득점을 노리는 빠른 슈팅 등 다양한 공격 시간을 정리하여 효과적인 공격 전술을 만드는 데 많은 도움이 될 것이다. 특히 다양한 공격 루트를 보여주며 결승전에 진출한 아르헨티나와 프랑스를 별도로 분석하였다.

득점까지의 소요 시간 ▷▷

공을 소유해서 득점을 만들기까지 걸린 시간을 10초 이내에서 31초 이상까지 4단계로 분류해 보면, 총 득점 중 20초 이내의 소요 시간이 135골로 78%를 차지하였고, 21초 이상이 37골로 22%를 기록했다. 이것은 상대 수비진이 갖춰지기 전의 간결한 패스와 빠른 공격 플레이가 득점으로 이어졌음을 의미한다. 특히 대한민국의 득점이 모두 20초 이내에 이루어진 것을 보면, 공격 면에서는 세계적인 트렌드를 잘 따라가고 있음을 입증하였으며, 16강 진출이 결코 우연이 아니었음을 알 수 있다.

또한 16강 토너먼트 진출 팀들은 20초 이내의 빠른 패스에 의한 득

구분	10초 이내	11~20초	21~30초	31초 이상	총득점
조별 리그	64	26	16	14	120
토너먼트	30	15	3	4	52
총득점	94 (55%)	41 (24%)	19 (11%)	18 (10%)	172

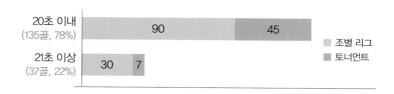

점이 45골, 87%로 빌드업을 하더라도 빠른 패스 연결을 통해 대부분 득점하였음을 알 수 있다. 따라서 세계적인 축구 트렌드는 간결한 패스 연결로 공격을 빠르게 전개하여야 많은 득점을 올릴 수 있음을 확실히 보여주고 있다.

아르헨티나, 프랑스 득점까지의 소요 시간 ▷▶

세계적인 이 두 팀 역시 20초 이내의 빠른 공격 시간으로 득점한 것이 전체 득점의 81%에 해당할 만큼 압도적으로 많다. 빌드업을 통해 공격을 많이 하는 팀들이지만, 공격 시에는 간결한 패스 연결로 빠르게 전개하여 득점을 노렸다는 것을 알 수 있다.

구분	10초 이내	11~20초	21~30초	31초 이상	총득점
아르헨티나	10	4	–	1	15
프랑스	6	5	4	1	16
총득점	16 (52%)	9 (29%)	4 (13%)	2 (6%)	31

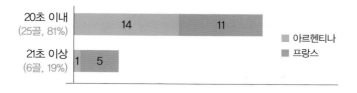

유효 슈팅 위치

498회의 총 유효 슈팅과 172골의 위치 분석

2022 카타르 월드컵의 총 유효 슈팅 횟수는 498회로 그중 172회가 득점으로 연결되었다. 이 유효 슈팅이 어디에서 몇 번 이루어졌는지, 또 어느 지역에서 유효 슈팅이 골로 연결되었는지 분석해 보았고, 유

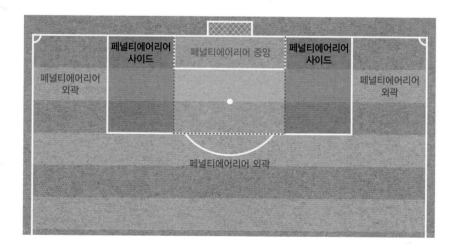

효 슈팅 위치를 페널티에어리어 중앙과 사이드 그리고 페널티에어리어 외곽으로 그림과 같이 삼등분해서 표시했다.

이러한 분석 자료는 유효 슈팅의 위치와 득점으로 연결된 슈팅 지역을 파악하여 공격수의 슈팅 훈련과 골키퍼의 방어 훈련을 준비하는 데 많은 도움이 될 것이다.

172골의 슈팅 위치 ▷▶

2022 카타르 월드컵에서 나온 172골의 슈팅 위치는 페널티에어리어 내에서 141골, 82%로 대부분을 차지하였고(페널티 킥 제외), 페널티에어리어 외곽에서의 득점은 단 14골, 8%로 나타났다. 축구 팬들은 페널티에어리어 외곽의 멋진 슈팅에 대한 기대와 환상이 있지만, 실제 득점은 거의 페널티에어리어 내 슈팅에서 나온다는 것을 알 수 있다. 페널티에어리어 외곽에서의 슈팅이 멋진 골로 연결될 확률은 상대적으로 대단히 낮다는 것을 알 수 있으며, 선수들의 슈팅 훈련이 어디에서 많이 이루어져야 하는지를 여실히 보여주고 있다.

구분	PA 내 중앙	PA 내 사이드	PA 외곽	페널티 킥	총득점
조별 리그	88 (73%)	12 (10%)	11 (9%)	9 (8%)	120
토너먼트	34 (65%)	7 (13%)	3 (6%)	8 (15%)	52
총득점	122 (71%)	19 (11%)	14 (8%)	17 (10%)	172

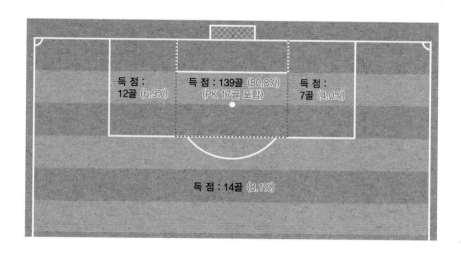

득점:
12골 (6.9%)

득점 : 139골 (80.8%)
(PK 17골 포함)

득점:
7골 (4.0%)

득점 : 14골 (8.1%)

326회 유효 슈팅의 위치 ▶▶

2022 카타르 월드컵에서 나타난 유효 슈팅 326회를 아래와 같이 3 개 지역으로(페널티 킥 제외) 분류해 보면, 이 중 44%에 해당하는 143 회의 슈팅이 페널티에어리어(PA) 외곽에서 이루어졌음을 알 수 있 다. 이와 같이 페널티에어리어 외곽에서 유효 슈팅이 가장 많은 것 은, 역설적으로 페널티에어리어에서의 슈팅이 득점하기 어렵다는 것을 보여주고 있다.

다만 이렇게 외곽에서의 슈팅 횟수가 많은 것은 중거리 슈팅을 통 해 중앙에 밀집된 상대 수비수들을 끌어내거나, 중앙으로의 침투 패 스 연결이 어려워 전술적 변화를 가져가면서 득점을 노린 것으로 분 석된다.

구분	PA 내 중앙	PA 내 사이드	PA 외곽	페널티 킥	합계
조별 리그	71 (30%)	64 (27%)	95 (41%)	5 (2%)	235
토너먼트	22 (24%)	21 (23%)	48 (53%)	– (0%)	91
합계	93 (29%)	85 (26%)	143 (44%)	5 (1%)	326

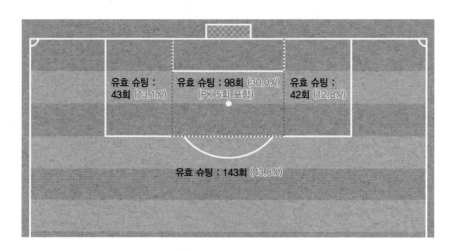

위치별 총 유효 슈팅과 득점 비율 ▷▷

2022 카타르 월드컵에서 나온 총 유효 슈팅 498회 대비 득점률을 분석해 보면, 페널티에어리어 중앙에서의 득점률은 237회에 139골, 58%로 2번의 유효 슈팅 중 1골 이상을 득점하였다. 반면에 페널티에어리어 외곽에서의 유효 슈팅은 157회에 14골, 9%로 유효 슈팅 11회 중 1골을 얻은 셈이다. 공격수가 슈팅 훈련을 어디에서 많이 해야 하며, 골키퍼는 슈팅을 막기 위해 어느 지역에서 훈련을 집중적으로 해야 하는지를 알 수 있다.

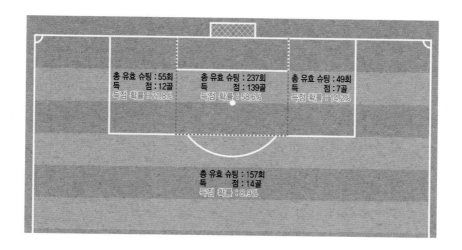

득점 슈팅 위치(본선 토너먼트, 44골)

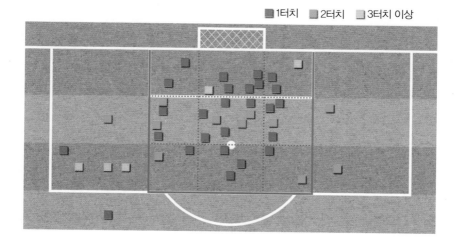

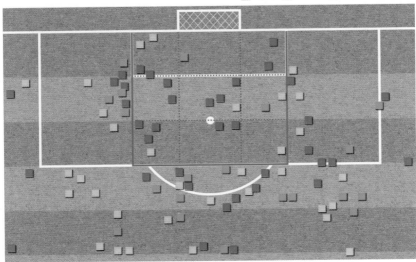

유효 슈팅 위치(본선 토너먼트, 91회)

■1터치　■2터치　□3터치 이상

총 유효 슈팅 시 볼 터치 수

터치 수가 적을수록 높아지는 득점 확률

공격수의 슈팅은 다양하게 이루어진다. 동료의 패스 연결을 논스톱으로 한 번에 슈팅하는 1터치 슈팅, 한번 컨트롤한 후 슈팅하는 2터치 슈팅이 있고, 드리블을 통한 3터치 이상의 슈팅 등으로 분류해 볼 수 있다.

득점으로 이어진 슈팅 시 터치 수와 유효 슈팅 시의 터치 수를 비교해 보면, 터치 수를 적게 하여 빠르게 슈팅할수록 득점 확률이 높음을 알 수 있다. 특히 1터치(논스톱) 슈팅은 골키퍼와 수비수가 이동 중에 정확한 위치를 잡아야 하는 어려움이 있어서 득점 확률이 매우 높다. 크로스에 의한 논스톱 슈팅이 골로 이어지는 경우가 많은 것이 이를 뒷받침하고 있다. 따라서 공격수의 슈팅 훈련과 골키퍼의 방어 훈련에 활용하면 도움이 될 것이다.

득점 시 볼 터치 수 분석 ▷▶

2022 카타르 월드컵 전체 172골 중 62%에 해당하는 106골이 1터치(논스톱) 슈팅으로 이루어졌다. 이는 골키퍼가 이동 중에 위치를 정확하게 잡지 못하거나 중심이 이동 방향으로 쏠리면, 상대 슈팅을 정확하게 막기 어려워 실점할 확률이 높기 때문이다. 즉 공격수가 공을 소유한 시간이 길수록 수비수가 방어하기 용이하며, 골키퍼는 정확한 위치를 잡기 때문에 득점 확률이 낮아진다고 볼 수 있다.

구분	1터치	2터치	3터치 이상	페널티 킥	총득점
조별 리그	80 (67%)	17 (14%)	14 (12%)	9 (7%)	120
토너먼트	26 (50%)	13 (25%)	5 (10%)	8 (15%)	52
총득점	106 (62%)	30 (17%)	19 (11%)	17 (10%)	172

유효 슈팅 시 볼 터치 수 분석 ▷▶

유효 슈팅 시에도 1터치(논스톱) 슈팅이 143회, 44%로 가장 많았으며, 이는 선수들도 1터치(논스톱) 슈팅의 득점 확률이 높음을 알기 때문에 시도한 결과라고 볼 수 있다.

구분	1터치	2터치	3터치 이상	페널티 킥	합계
조별 리그	105 (47%)	51 (22%)	74 (31%)	5 (2%)	235
토너먼트	38 (42%)	20 (22%)	33 (36%)	– (0%)	91
합계	143 (44%)	71 (22%)	107 (33%)	5 (1%)	326

총 유효 슈팅의 볼 터치 수와 득점 비율 분석 ▷▷

월드컵을 포함한 세계적인 대회 대부분의 기록은 표와 같이 1터치 (논스톱) 슈팅에 의한 득점이 많다. 총 유효 슈팅 중에 1터치 득점의 비율은 249회 중 106골, 43%로 약 2번의 유효 슈팅 중 1번은 득점할 정도로 확률이 높음을 알 수 있다. 반면에 3터치 이상 슈팅은 126회 중 19골, 15%로 확률이 상대적으로 매우 낮다. 그러므로 1터치 슈팅에 대한 집중 훈련이 필요함을 알 수 있다.

구분	1터치	2터치	3터치 이상	페널티 킥	합계
득점	106	30	19	17	172
유효 슈팅	143	71	107	5	326
총 유효 슈팅	249	101	126	22	498

슈팅 위치와 볼 터치 수

이제 득점 시의 슈팅 위치와 볼 터치 수의 상관관계를 살펴보자. 즉, 어디에서 몇 번의 터치로 슈팅해야 득점 확률이 높은지 알아보고, 또한 슈팅 훈련은 어디에서 얼마나 빠르게 해야 하는지, 또 골키퍼 훈련 역시 어떻게 해야 하는지 통계를 통해 배워 보자.

2022 카타르 월드컵뿐 아니라 대부분의 대회에서도 비슷한 통계가 나온다. 이 사실을 참고하여 훈련 프로그램을 만드는 것은 축구 지도자들의 몫이라고 생각한다.

득점 시 슈팅 위치와 볼 터치 수 ▷▷

1터치 슈팅을 통한 득점이 총 123골로 72%, 2터치 슈팅 득점이 30골로 17%, 3터치 슈팅 득점이 19골로 11%라는 것을 이미 살펴보았다. 그중 페널티에어리어 내 중앙에서 1터치 슈팅에 의한 득점이 111골, 65%로 압도적으로 많게 나타났다.

근접거리에서의 1터치 슈팅은 수비수가 이동하거나 슈팅 범위를 좁히기 대단히 어렵고, 특히 골키퍼는 이동 중에 중심을 잡거나 정확한 위치 선정을 하기 어렵다. 따라서 공격수들은 페널티에어리어 내에서 1터치 슈팅을 노려야 득점 확률이 높다는 것을 항상 인지하고 경기에 임해야 하며, 수비수는 당연히 이에 집중적으로 대비하는 훈련 방법을 취해야 할 것이다.

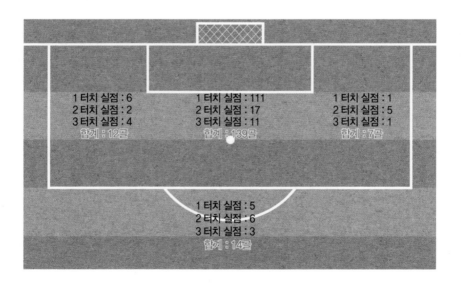

유효 슈팅 시의 위치와 볼 터치 수 ▷▷

2022 카타르 월드컵에서 득점으로 연결되지는 않았으나 유효 슈팅으로 기록된 326회 중에 44%인 143회가 페널티에어리어 외곽에서 나왔다. 이것은 수비의 밀집 방어로 인해 페널티에어리어 안으로의 패스 연결이 원활하지 않거나, 전술적으로 상대를 앞으로 끌어내기 위한 경우에 중거리 슈팅을 시도해 득점을 많이 노린 것으로 해석할 수 있다. 역설적으로 말하면, 페널티에어리어 외곽에서 157회의 슈팅 중 14회가 골로 이어져 득점 확률이 9%밖에 안 되므로, 페널티에어리어 외곽은 득점을 위한 효과적인 슈팅 위치가 아님을 이 통계는 보여주고 있다.

반면에 페널티에어리어 내 중앙은 237회 슈팅 중 139골이 나와 59%, 페널티에어리어 내 양 사이드에서는 슈팅 104회 중 19골이 나

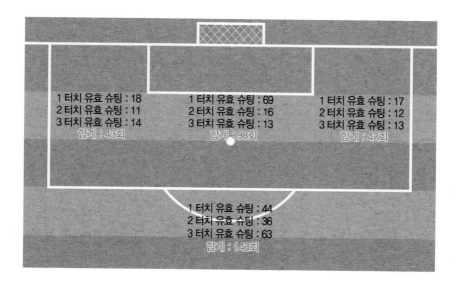

와 18%의 득점 확률을 보였다. 따라서 유효 슈팅 시의 위치 분석 결과를 참고하여 슈팅 훈련을 실시하면 득점력을 향상시킬 수 있을 것이므로, 이는 지도자들이 관심 있게 살펴야 할 대목이다.

유효 슈팅 시의 볼 터치 수도 1터치 슈팅의 비율이 가장 높았는데, 1터치 슛이 148회로 45%, 2터치 슛이 75회로 23%, 3터치 슛이 103회로 32%였다. 이 또한 간결한 패스와 논스톱 슈팅이 유효 슈팅으로 많이 이어졌음을 보여주고 있으며, 앞서 살펴본 득점 시 1터치 슈팅에 의한 123골, 72%와 비슷한 결과라고 볼 수 있다.

슈팅 위치별 유효 슈팅과 득점 비율

페널티에어리어 내 1터치 슈팅의 중요성

페널티에어리어 내에서의 슈팅을 통해 골로 연결된 득점과 볼 터치 수를 분석해 본 결과, 158골 중 1터치 슈팅 득점이 118골로 75%를 차지한다. 이렇게 페널티에어리어 내에서 1터치 또는 논스톱 슈팅이 골로 이어질 확률이 대단히 높은 이유는, 수비진이 슈팅 위치를 파악하여 공을 차단하거나 선수 커버를 들어갈 시간적 여유가 없고, 골키퍼도 미처 대응할 자세를 갖추기 어렵기 때문일 것이다.

따라서 페널티에어리어 내에서는 상대 수비를 제치기 위한 2터치, 3터치 등의 드리블 후 슈팅은 지양해야 하며, 자기 편에게 짧게 밀어주는 논스톱 슈팅은 득점으로 이어질 확률이 가장 높으므로 훈련에 참고해야 할 것이다.

페널티에어리어 외곽에서의 중거리 슈팅 등이 전술적으로 필요할 때가 있지만, 득점 확률이 상대적으로 매우 낮다. 득점 장면 중에 멋

진 골이라고 평가할 수는 있겠지만, 중거리 슈팅 득점이 4.5경기당 1
골로 매우 비효율적이다. 반면에 페널티에어리어 내에서의 슈팅 득
점은 1경기당 2골이나 되며, 유효 슈팅 2회 중에 1골 이상의 득점이
이어졌다. 페널티에어리어 외곽에서의 슈팅과는 효율 면에서 현격
한 차이를 보여주고 있다.

우리가 추구해야 할 슈팅 훈련의 목표는 당연히 득점이다. 그러므
로 이러한 슈팅 위치와 볼 터치 수, 득점의 상관관계를 선수들에게
충분히 주지시켜서 훈련에 임하도록 하는 지혜가 필요하다.

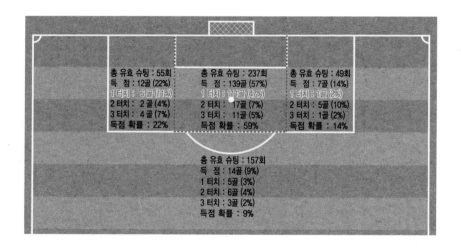

페널티에어리어 내 중앙에서의 유효 슈팅과 득점 ▷▷

페널티에어리어 내 중앙에서 슈팅해서 나온 득점이 총 139골로 기
록되었다. 그중 1터치를 통한 득점이 111골로 80%, 2터치가 17골로
12%, 3터치 이상이 11골로 8%였다. 페널티에어리어 내 중앙에서의

1터치 슈팅이 득점을 위해서는 필수 불가결한 동작이라 해도 과언이 아닐 정도의 결과다.

유효 슈팅도 페널티에어리어 내 중앙에서 총 98회로, 사이드에서의 유효 슈팅 85회에 비해 많이 나왔다. 그중 1터치 슈팅이 69회로 71%, 2터치가 16회로 16%, 3터치 이상이 13회로 13%였다. 페널티에어리어 내 좁은 공간에서 2터치, 3터치 이상 드리블을 통한 슈팅은 상대방이 수비벽을 구축하고 골키퍼가 슈팅을 예측할 시간을 늘려주기 때문에 효과적인 공격이 될 수 없음을 설명하는 통계다.

구분	1터치	2터치	3터치 이상	합계
득점	111	17	11	139
유효 슈팅	69	16	13	98
총 유효 슈팅	180	33	24	237

페널티에어리어 내 사이드에서의 유효 슈팅과 득점 ▷▷

페널티에어리어 내 사이드에서 한 슈팅 중에 총 19골이 나왔다. 그중 1터치를 통한 득점이 7골로 37%, 2터치가 7골로 37%, 3터치 이상이 5골로 26%였다. 페널티에어리어 내 사이드 쪽에서의 슈팅 시 수비수의 슈팅 방향 저지 동작을 피하기 위해 1터치 또는 2터치로 수비수를 제친 후 슈팅하는 경우가 많아서 1터치와 2터치의 득점 확률이 비슷하게 나타났다.

페널티에어리어 내 사이드에서의 유효 슈팅은 총 85회 이루어졌다. 그중 1터치 유효 슈팅이 35회로 41%, 2터치가 23회로 27%, 3터

치 이상이 27회로 32%였다. 여전히 1터치 유효 슈팅이 많았음을 알
수 있다.

구분	1터치	2터치	3터치 이상	합계
득점	7	7	5	19
유효 슈팅	35	23	27	85
총 유효 슈팅	42	30	32	104

페널티에어리어 외곽 유효 슈팅과 득점 ▷▶

페널티에어리어 외곽에서의 슈팅을 통해 총 14골이 나왔다. 그중
1터치를 통한 득점이 5골로 36%, 2터치가 6골로 43%, 3터치 이상이
3골로 21%였다. 이는 상대적으로 넓은 공간에서의 중거리 슈팅 시
도를 위해 볼 터치가 이루어졌다고 볼 수 있어서, 볼 터치 수와 득점
확률은 큰 차이가 없었다.

유효 슈팅도 페널티에어리어 외곽에서 총 143회 이루어졌다. 그중
1터치 유효 슈팅이 44회로 31%, 2터치가 36회로 25%, 3터치 이상이
63회로 44%였다. 3터치 이상이 가장 많게 나타난 것은 역시 페널티
에어리어 외곽의 넓은 공간에서의 안정적인 중거리 슈팅을 위해 수
비수와의 거리를 두려는 2대1 패스 또는 드리블 후 슈팅을 시도한 것
으로, 눈여겨 볼만한 점이다.

구분	1터치	2터치	3터치 이상	합계
득점	5	6	3	14
유효 슈팅	44	36	63	143
총 유효 슈팅	49	42	66	157

유효 슈팅의 골문 방향 분석

수직 방향과 수평 방향 분석

이번에는 유효 슈팅의 방향을 분석한 자료를 통해 공격수가 슈팅할 때 득점 확률이 높은 방향을 살펴본다. 역설적으로 골키퍼와 수비수는 슈팅 방어 훈련 시 집중적으로 훈련해야 하는 방향도 참고할 수 있을 것이다.

우선 슈팅 방향 분석을 위해 수직 방향은 골키퍼 어깨 위, 골키퍼 무릎과 어깨 사이, 골키퍼 무릎 아래의 상중하로 골문을 삼등분해서 득점과 유효 슈팅을 분석하였다. 어떤 높이로 슈팅할 때 득점할 확률이 높으며, 또한 골키퍼가 가장 많이 실점하는 위치는 어느 곳인지 데이터를 통해 살펴보았다. 이 자료를 참고하여 슈팅 훈련과 골키퍼 훈련 프로그램을 마련한다면 많은 도움이 될 것이다.

슈팅 방향과 득점 비율 ▷▶

페널티 킥 17골을 제외한 전체 득점 155골 중 55%에 해당하는 86골이 골키퍼 무릎 아래의 하단으로 이루어졌다. 특히 골키퍼 좌우의 낮은 슈팅에 의한 득점은 70골로 45%의 득점률을 기록했다. 상단과 중앙 두 방향 전체를 합친 수보다 높게 나타나서, 공격수의 슈팅 방향과 골키퍼 훈련에 시사하는 바가 크다.

구분	상	중	하	페널티 킥	총득점
득점	34	35	86	17	172

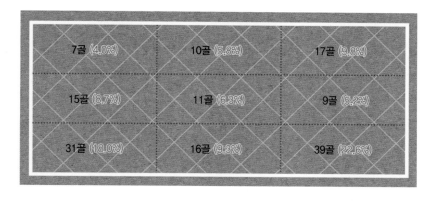

유효 슈팅 방향과 비율 ▷▶

페널티 킥을 제외한 유효 슈팅 321회 중 55%에 해당하는 176회가 골문 하단으로 향했다. 골키퍼가 막기 어려운 이 높이로 많은 공격수들이 득점을 노린 것으로 분석되며, 평소 골문을 향한 슈팅 훈련 시 타깃을 잘 설명해주고 있다.

한편 수평적으로는 골키퍼가 상대적으로 막기 쉬운 중앙으로 유효 슈팅이 많았다. 이것은 골키퍼의 수비 범위 안에 들어오는 슈팅을 막아낸 결과라 볼 수 있다. 또한 수비수들이 상대 공격수의 좌우 슈팅 범위를 잘 줄여주었음을 의미하며, 상대 슈팅에 대한 골키퍼와 수비수의 협력이 잘 이루어진 것으로도 해석할 수 있다. 다만 중앙 하단, 즉 골키퍼 발밑으로의 슈팅 시도가 의외로 많았음도 주목할만하다.

높이	상	중	하	페널티 킥	합계
유효 슈팅	74	71	176	5	326

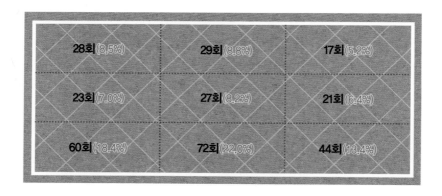

유효 슈팅 방향과 득점 비율 ▷▶

유효 슈팅 중에 득점 확률이 가장 높은 방향은 골키퍼 왼쪽 상단으로 34회의 유효 슈팅 중 17골로 50%의 성공률을 기록하였다. 하지만 전체적으로 보면 역시 골키퍼 하단 좌우 방향으로 슈팅할 때 득점 확률이 높다는 것을 알 수 있다.

특히 골키퍼가 주목할 것은 하단 중앙에서의 실점이다. 88회의 유효 슈팅 중 18%에 해당하는 16골의 실점은 골키퍼에 가까운 수비 범위 안이었는데도 불구하고 실점한 것으로, 어떤 상황에서 나온 실점인지 세밀하게 분석해서 선수들이 충분히 대비할 수 있는 훈련에 활용해야 할 것이다.

구분	상	중	하	페널티 킥	합계
득점	34	35	86	17	172
유효 슈팅	74	71	176	5	326
총 유효 슈팅	108	106	262	22	498

총 유효 슈팅 : 35회 득점 : 7골 (20.0%)	총 유효 슈팅 : 39회 득점 : 10골 (25.6%)	총 유효 슈팅 : 34회 득점 : 17골 (50.0%)
총 유효 슈팅 : 38회 득점 : 15골 (39.4%)	총 유효 슈팅 : 38회 득점 : 11골 (28.0%)	총 유효 슈팅 : 30회 득점 : 9골 (30.0%)
총 유효 슈팅 : 91회 득점 : 31골 (34.0%)	총 유효 슈팅 : 88회 득점 : 16골 (18.1%)	총 유효 슈팅 : 83회 득점 : 39골 (47.0%)

크로스에 의한 헤더 및 발 슈팅 득점과 유효 슈팅

크로스의 중요성

2022 카타르 월드컵뿐 아니라 세계적인 축구 대회에서 득점의 30% 이상은 크로스와 연관되어 있다. 페널티 킥 득점을 제외한다면 그 확률은 더 높아진다.

크로스에 의한 유효 슈팅 중 50% 이상은 득점과 바로 연결된다. 특히 상대 공격수에 대한 밀착 수비가 없는 상황에서 크로스에 의한 슈팅을 허용하는 경우에는 실점 확률이 더 높으며, 2022 카타르 월드컵에서 대한민국의 득점 5골 중 3골이 크로스로 얻어졌다. 이를 보면 상대 진영에서의 크로스에 의한 공격 훈련이 현대 축구에서 얼마나 중요한지 실감할 수 있다.

이와 같은 크로스에 의한 슈팅을 방어하기 위해서는 필드 선수와 골키퍼와의 협력이 매우 중요하다. 그러나 대부분의 훈련 과정에서 수비수와 골키퍼가 연관되는 협력 훈련 자체 프로그램이 부족하고,

체력 및 기술, 전술 훈련 등에 비해 상대적으로 훈련량이 매우 부족한 게 현실이다. 이 자료에 나와 있는 실점과 유효 슈팅 상황을 참고하여 필드 선수뿐 아니라 골키퍼 훈련 프로그램 구성에 활용하면 많은 도움이 될 것이다.

크로스 득점과 유효 슈팅 ▷▷

2022 카타르 월드컵 총득점 172골 중 33%에 해당하는 56골이 크로스와 연관되어 나왔다. 페널티 킥 득점을 제외한 155골 중 36%에 해당한다. 그만큼 상대 진영에서의 크로스 연결이 득점으로 이어지는 경우가 많아서, 사이드 돌파를 통한 빠른 크로스 공격은 상당히 위협적이다.

특히 수비수의 방해 없이 프리하게 슈팅이 이루어진다면 유효 슈팅 중 50% 이상이 득점으로 연결된다. 경쟁 헤더의 득점률은 30%에 불과했지만, 프리 헤더의 득점률은 51%나 된다는 사실이 이를 뒷받침한다.

크로스 연결 후 발로 슈팅한 득점률은 59%나 되어, 수비의 방해를 받든 안 받든 득점률이 높았다. 수비수의 적극적인 크로스 대처로 크로스가 이뤄지지 않도록 하는 것이 실점을 줄이는 가장 좋은

구분	프리 헤더	경쟁 헤더	발	합계
득점	24	3	29	56
유효 슈팅	23	7	20	50
총 유효 슈팅	47	10	49	106

방법이라 하겠다.

크로스 연결 후 유효 슈팅 ▷▶

크로스를 통해 유효 슈팅까지 이뤄졌지만 득점이 안 된 상황은 총
50회였다. 그중 프리 헤더가 23회로 46%, 경쟁 헤더가 7회로 14%,
발이 20회로 40%였다.

구분	프리 헤더	경쟁 헤더	발	합계
조별 리그	19 (50%)	7 (18%)	12 (32%)	38
토너먼트	4 (33%)	– (0%)	8 (67%)	12
합계	23	7	20	50

크로스 헤더 유효 슈팅 위치 ▷▶

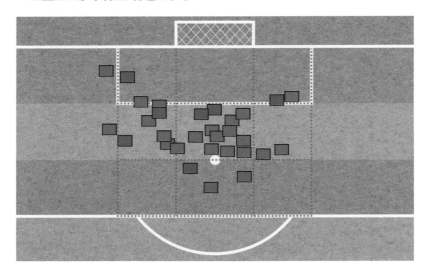

크로스 헤더 유효 슈팅의 기점 ▷▶

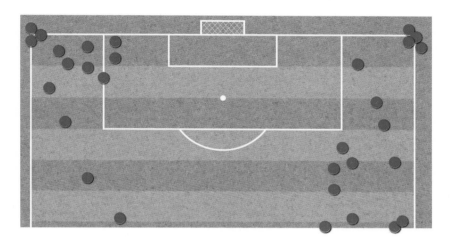

크로스 발 유효 슈팅 위치 ▷▶

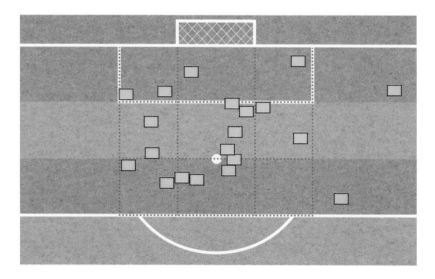

크로스 발 유효 슈팅의 기점 ▷▶

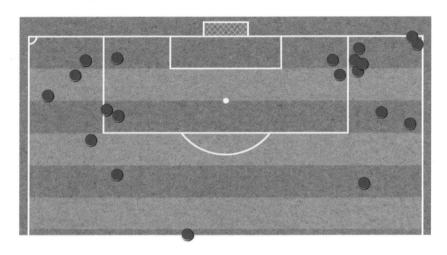

골키퍼 크로스 유효 슈팅 차단 기술 ▷▶

크로스로 이루어졌지만 골키퍼가 방어한 유효 슈팅은 총 50회였으며, 골키퍼들이 이 유효 슈팅을 다양한 기술로 차단하였다. 물론 골포스트나 크로스바를 맞는 행운과 골키퍼 정면 또는 스피드가 약한 슈팅도 있었지만, 세이빙으로 처리해야 하는 어려운 슈팅을 25회(50%)나 막아낸 골키퍼의 활약은 그 중요성을 다시 한번 일깨워주었다. 이 자료는 이러한 크로스 슈팅 차단 상황과 이때 사용한 기술들을 다음과 같이 정리하였다.

구분	제자리 캐칭	이동 캐칭	제자리 펀칭	세이빙 캐칭	세이빙 펀칭	골문 터치	합계
프리 헤더	4	4	–	4	10	2	24
경쟁 헤더	1	1	–	–	1	3	6
발	4	2	2	–	10	2	20
합계	9 (18%)	7 (14%)	2 (4%)	4 (8%)	21 (42%)	7 (14%)	50

크로스 득점 ▷▶

2022 카타르 월드컵 총 172득점 중에 크로스에 의한 득점이 56골로 33%에 해당한다. 또한 크로스 연결 후 발로 시도한 슈팅의 득점률이 가장 높았다. 수비수의 이동과 골키퍼의 위치 선정, 시야 방해 등 다양한 상황에서 실점이 이루어졌으며, 공격과 수비 훈련 시 어느 위치에서 크로스 연결 시도가 많이 이루어졌는지와 득점 위치를 분석한 아래 그래프를 참고하여 공수 훈련에 활용하면 좋은 자료가 될 것이다.

구분	프리 헤더	경쟁 헤더	발	총득점
조별 리그	20	1	21	42
토너먼트	4	2	8	14
총득점	24 (43%)	3 (5%)	29 (52%)	56

크로스 헤더 득점 위치 ▷▶

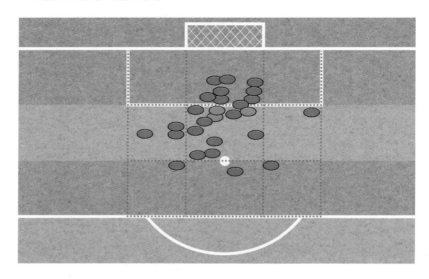

크로스 헤더 득점 크로스 시작 위치 ▷▶

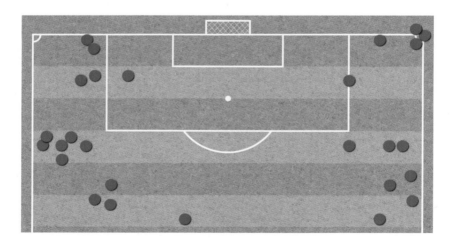

크로스 발 득점 위치 ▷▸

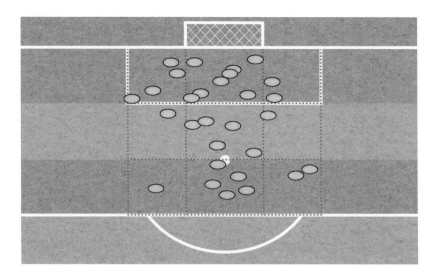

크로스 발 득점 크로스 시작 위치 ▷▸

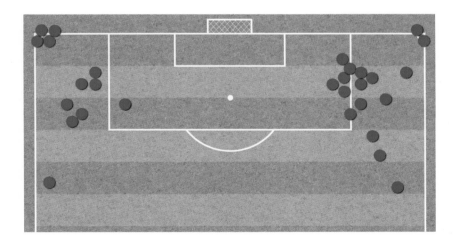

3장

세트피스 득점 유형

세트피스에 의한 득점과 유효 슈팅 분석

세트피스 전술의 경기 활용

　세트피스(set piece)란 축구 경기에서 프리킥, 코너킥, 스로인과 같은 정지된 상황을 대비해 준비한 공격 전술로, 일반적으로 킥을 하는 선수와 동료 선수들이 사전에 연습한 유형 가운데 하나를 골라 실행하는 전술이다. 팀 구성이 얼마 되지 않아 조직력이 약한 상황에서 유용한 공격 전술의 하나로 많이 활용된다. 상대 팀이 예측하기 어려운 유형을 선택하여 몸짓이나 손짓으로 동료들에게 알리고 약속한 방법으로 킥을 하여 득점 확률을 높이는 적극적 공격 전술이다.

　특히 세트피스 상황은 약팀이 강팀을 상대할 때 득점할 수 있는 좋은 기회라고 말한다. 왜냐하면 개인 전술(개인기)이 뒤지거나 팀 조직력의 수준이 떨어지면 정상적인 경쟁상황에서는 경기력 차이로 공격 기회가 부족할 수밖에 없으나, 세트피스는 정지된 상황에서 훈련하고 연습한 대로 약속된 전술을 잘 실행만 하면 득점으로 연결할 수 있기 때문이다.

이번 자료에서는 수많은 세트피스 찬스에서 과연 몇 골을 얻었는지, 또 골키퍼는 골문으로 오는 유효 슈팅을 몇 번이나 막아냈는지 분석한 자료를 통해 확인해 보기로 한다. 다만 분석 자료에서 스로인은 제외하고 프리킥과 코너킥, 그리고 프리킥에 대해서는 직접 슈팅한 것과 문전으로 보내거나 패스 연결이 상대에게 차단당하지 않고 유효 슈팅 또는 득점까지 이루어진 것을 분석해 보았다.

페널티 킥은 23회의 기회에서 17골을 득점하여 74%의 성공률을 기록하였다. 코너킥과 프리킥의 경우 수많은 득점 시도에도 전체 성공률은 매우 낮은 편이나, 직접 또는 패스를 통해 유효 슈팅을 기록하기만 한다면 의외로 높은 득점 성공률을 만들 수 있다는 점이 매우 흥미롭다. 따라서 이러한 세트피스 공격과 수비에 관한 자료를 통해 수비와 공격에 관련된 다양한 훈련 프로그램을 만들어 집중적으로 훈련할 필요가 있다. 특히 약팀이라면 말이다.

세트피스에 의한 득점 분석 ▷▷

우선 코너킥에 의한 유효 슈팅 26회 중 10회, 39%가 득점 성공으로 이어졌다. 500회가 넘는 코너킥 상황에서 동료에게 연결되어 유효 슈팅으로 이어지기만 한다면 매우 높은 득점 확률을 기록한다는 사실에 주목해야 할 것이다.

프리킥에 의한 유효 슈팅 54회 중 20회, 37%가 득점으로 연결되어 코너킥과 마찬가지로 300회가 넘는 프리킥 상황에서 유효 슈팅으로 연결되도록만 하면 득점 확률은 대단히 높게 나타난다는 것을 잊지 말아야 한다. 페널티 킥 상황은 골키퍼가 막기 어려움을 모두가 알고 있어 뒤에서 재미있는 분석을 통해 알아보기로 한다.

구분	직접 슈팅	패스 1번	패스 2번	패스 3번	패스 4번	패스 5번 이상	총득점
코너킥	–	2	7	–	–	1	10 (21%)
프리킥	3	3	4	2	–	8	20 (43%)
페널티킥	17	–	–	–	–	–	17 (36%)
총득점	20	5	11	2	–	9	47

세트피스에 의한 유효 슈팅 ▷▶

프리킥에 의한 유효 슈팅이 압도적으로 많았는데, 특히 골문을 직접 노린 슈팅은 골키퍼의 선방에 막히는 경우가 대부분이며, 코너킥을 직접 슈팅으로 분류한 2회도 재미있는 통계다.

세트피스 후 빌드업을 통해 다양한 패스 연결로 유효 슈팅까지 만든 경우도 많았음을 알 수 있다. 실축한 페널티 킥 1회는 골문을 벗어나서 유효 슈팅이 아니므로 이 통계에서 제외하였다.

구분	직접 슈팅	패스 1번	패스 2번	패스 3번	패스 4번	패스 5번 이상	합계
코너킥	2	8	4	–	2	–	16 (29%)
프리킥	14	7	2	2	–	9	34 (62%)
페널티킥	5	–	–	–	–	–	5 (9%)
합계	21	15	6	2	2	9	55

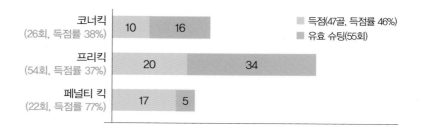

코너킥
(26회, 득점률 38%)
10　16

프리킥
(54회, 득점률 37%)
20　34

페널티 킥
(22회, 득점률 77%)
17　5

■ 득점(47골, 득점률 46%)
■ 유효 슈팅(55회)

코너킥과 유효 슈팅

코너킥에 의한 득점 성공률

2022 카타르 월드컵에서는 총 547회의 코너킥이 있었으며, 그중 26회의 유효 슈팅이 나왔고 10골이 득점으로 이어졌다. 전체 코너킥이 동료에게 연결되어 유효 슈팅으로 나타난 성공 확률은 5%에 불과했다. 하지만 유효 슈팅 중에서 득점 성공률이 38%로 대단히 큰 의미를 갖는 수치이다. 따라서 정확한 코너킥을 통한 동료 선수로의 패스 연결 훈련은 득점력을 높이는 데 좋은 수단으로 강조할만하다.

통계상으로 보면 전체 코너킥 시도 21회마다 유효 슈팅을 1회씩 했고, 코너킥 55회 시도에 겨우 1골을 득점하는 데 그쳤다. 특히 코너킥을 시도하여 동료에게 연결되는 경우도 짧은 패스 연결까지 포함해서 208회뿐이며, 대부분 수비수나 골키퍼에게 차단당하는 것으로 나타났다.

그러나 유효 슈팅으로 연결만 된다면 말이 달라진다. 유효 슈팅 26

회 중에 10골, 38%나 될 만큼 득점 성공 확률이 높았기 때문에 코너킥을 유효 슈팅으로 연결만 한다면 효과적인 공격 전술이 될 수 있으므로 이를 만들기 위한 집중 전술 훈련이 필요할 것으로 본다.

코너킥 득점 및 유효 슈팅 ▷▷

전체 코너킥에 의한 득점 성공률은 2%밖에 안 되어 대단히 낮게 나타났다. 특히 동료에게 연결하는 확률도 아주 낮게 나타났다. 득점은 킥이 9골로 압도적으로 많았으며, 패스 연결에 의한 득점은 1골로 적었지만, 킥의 정확성과 동료의 움직임을 예측하는 훈련이 절대적으로 필요함을 알 수 있다.

구분	동료 연결 (킥)	패스 연결	수비 처리	골키퍼 처리	경합	통과	합계	총득점	유효 슈팅
조별 리그	82 (19%)	66 (16%)	189 (45%)	40 (10%)	21 (5%)	21 (5%)	419	8	12
토너먼트	28 (22%)	32 (25%)	50 (39%)	11 (9%)	4 (3%)	3 (2%)	128	2	4
합계	110 (20%)	98 (18%)	239 (44%)	51 (9%)	25 (5%)	24 (4%)	547	10	16

아울러 코너킥 득점 총 10골 중에 16강 토너먼트에 진출한 팀들이 6골을 성공하여 60%를 기록했다는 점도 흥미롭다. 또한 토너먼트에 진출한 팀들의 코너킥이 동료에게 연결되는 비율이 조별 리그보다 높게 나타났다.

이는 조별 리그를 통과한 팀으로서 킥의 정확성이 높고, 공격수의 움직임과 키커와의 전술이 잘 맞으며, 코너킥이 무의미하게 통과하는 비율도 적다는 사실을 의미하므로 역시 경기력의 차이가 통계로 나타난 셈이다.

프리킥과 유효 슈팅

프리킥 득점 및 유효 슈팅

프리킥의 경우 직접 득점을 노리는 프리킥부터 문전의 동료들에게 연결하여 득점을 노리거나, 프리킥부터 시작한 빌드업으로 유효 슈팅 또는 득점한 모든 것들을 정리해 보았다.

2022 카타르 월드컵 총득점 172골 중 20골이 프리킥과 연관되어 득점으로 이어졌다. 307회의 다양한 프리킥 전술을 통해 20골을 득점하여 7%의 성공률을 기록했고, 10%에 해당하는 31회의 유효 슈팅은 골키퍼 또는 수비수에 의해 막혔다. 51회의 총 유효 슈팅만 놓고 보면 득점률이 약 40%에 달한다.

한편 20골 가운데 65%에 해당하는 13골을 16강 토너먼트에 진출한 팀들이 기록했는데, 이는 다양한 프리킥 전술을 통해 유효 슈팅으로 연결하여 득점을 얻을 수 있도록 하는 것이 매우 중요한 과제이며, 상대적으로 수비수와 골키퍼는 이런 다양한 프리킥 전술에 대응하는 집중훈련이 필요함을 뜻한다.

구분	동료 연결	수비 처리	골키퍼 처리	경합	조합 플레이	직접 득점	통과	합계	연결 득점	유효 슈팅
조별 리그	43 (20%)	98 (46%)	25 (12%)	9 (4%)	7 (3%)	3 (1%)	29 (14%)	214	13	22
토너먼트	21 (22%)	36 (39%)	13 (14%)	1 (1%)	8 (9%)	– (0%)	14 (15%)	93	4	9
합계	64 (21%)	134 (44%)	38 (12%)	10 (3%)	15 (5%)	3 (1%)	43 (14%)	307	17	31

프리킥 득점 시의 기점 ▷▶

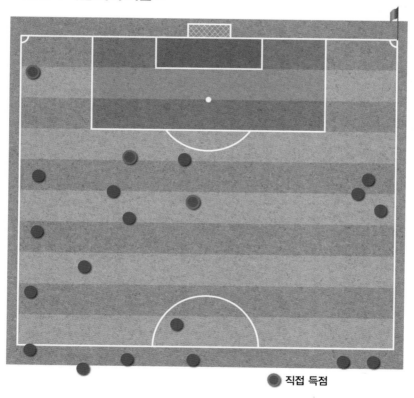

● 직접 득점

프리킥 득점 시의 슈팅 위치 ▷▷

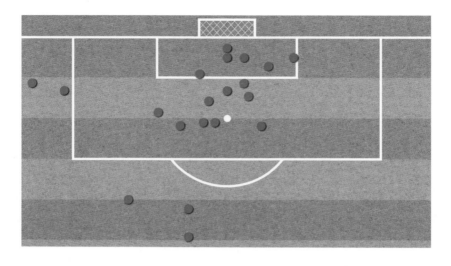

프리킥 직접 슈팅의 골키퍼 방어와 실점 ▷▷

  2022 카타르 월드컵에서 50회의 프리킥을 직접 슈팅으로 연결하여 득점을 노렸지만, 대부분 수비벽에 막히거나 골문을 벗어나 득점 연결에 실패했고, 단 3골만이 득점에 성공하였다.

  특히 골문으로 직접 연결된 경우는 14회이며, 그중 골키퍼가 쉽게 처리할 수 있는 캐칭과 펀칭이 7회, 몸을 날리면서 처리하는 세이빙은 오직 7회뿐이다. 골문을 벗어난 프리킥도 14회나 되어서 킥의 부정확성을 보여준다.

  따라서 프리킥 직접 슈팅의 정확성을 높이기 위해서는 수비벽을 넘기기 위한 프리킥 기술력이 관건이며, 이를 극복하려면 부단한 개인 훈련이 절대적으로 필요하다.

구분	세이빙 캐칭	세이빙 펀칭	캐칭	펀칭	수비벽	통과	오프사이드	실점	합계
조별 리그	1 (3%)	3 (9%)	3 (9%)	1 (3%)	14 (41%)	8 (23%)	1 (3%)	3 (9%)	34
토너먼트	– (0%)	3 (19%)	2 (12%)	1 (6%)	4 (25%)	6 (38%)	– (0%)	– (0%)	16
합계	1 (2%)	6 (12%)	5 (10%)	2 (4%)	18 (36%)	14 (28%)	1 (2%)	3 (6%)	50

재미있는 페널티 킥
성공과 실패

페널티 킥 성공률

2022 카타르 월드컵 64경기 중 23회의 페널티 킥이 이루어졌고 17골을 득점해서 74%의 성공률을 기록하였다. 5회의 페널티 킥이 골키퍼의 선방으로 인해 득점에 실패했으며, 나머지 페널티 킥 1회는 잉글랜드 공격수 해리 케인이 프랑스와의 8강전에서 크로스바 위로 공을 보낸 탓에 유일하게 유효 슈팅도 기록하지 못하고 실패한 사례로 남았다.

이와 같이 페널티 킥 총 23회의 공 방향과 높이 그리고 키커가 사용한 발 등 다양한 페널티 킥 상황을 분석해 보았다.

페널티 킥에 사용한 발 ▷▶

키커가 사용한 발은 왼발 8회, 오른발 15회로 오른발 사용자가 2배로 많았다. 왼발 키커는 8회 중 5회 성공으로 63%의 페널티 킥 성공률을 기록했고, 오른발 키커는 15회 중 12회 성공으로 페널티 킥 성공률이 80%에 이르렀다. 왼발잡이보다 오른발잡이가 페널티 킥을 더 잘 차는 것인지, 다른 대회 통계도 찾아보고 싶어지는 대목이다.

골키퍼는 페널티 킥 23회 중 5회를 막아냈고, 페널티 킥 1회는 크로스바 위로 넘어갔다. 결국 페널티 킥 23회 중 6회를 막아내어 26%의 방어율을 기록한 셈이다. 페널티 킥 슈팅 방향을 보면 왼발잡이는 키커의 오른쪽으로 많이 찼고, 오른발잡이는 키커의 왼쪽으로 많이 찼다. 결론적으로는 왼쪽 11회, 오른쪽 12회로 왼쪽과 오른쪽 방향이 모두 비슷하게 나타났다.

사용한 발	왼발		오른발		합계
슈팅 방향	왼쪽	오른쪽	왼쪽	오른쪽	
득점	1	4	7	5	17
실패	1	2	2	1	6
합계	2	6	9	6	23

득점한 페널티 킥의 슈팅 높이와 방향 ▷▶

페널티 킥 17골의 슈팅 방향을 먼저 높이에 따라 상중하로 삼등분할 때, 상단부가 1골로 6%, 가운데가 6골로 35%, 하단부가 10골로 59%를 기록했다. 좌우 방향으로 보면 왼쪽으로 8골을 득점해 47%, 오른쪽으로 9골을 득점해 53%를 기록했다. 역시 골키퍼가 방어하기 어려운 하단부로의 슈팅이 많았음을 알 수 있다.

페널티 킥 득점

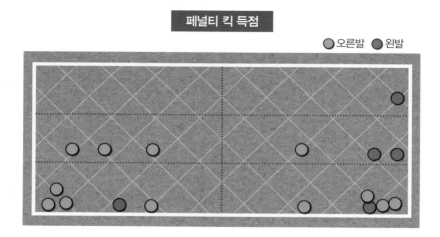

○ 오른발 ● 왼발

실패한 페널티 킥의 슈팅 높이와 방향 ▷▶

득점에 실패한 페널티 킥 6회의 슈팅 방향을 먼저 높이에 따라 상 중하로 삼등분할 때, 상단부를 넘어간 외곽이 1회로 17%, 가운데가 1회로 17%, 하단부가 4회로 66%를 기록했다. 좌우 방향으로 보면 왼쪽과 오른쪽 각각 3회씩 실패했다.

이는 골키퍼가 페널티 킥 방향을 예측해 다이빙 세이브로 선방했 다고 볼 수밖에 없으며, 다만 키커의 공 스피드가 약했던 점과 게임 운도 작용했다고 필자는 보고 싶다.

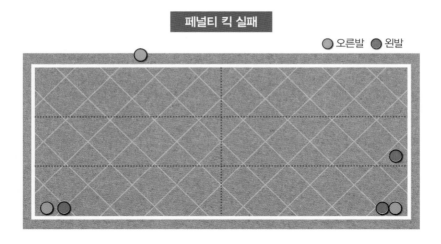

페널티 킥 실패

○ 오른발 ● 왼발

4장

골키퍼의 눈으로 본
실점과 방어

유효 슈팅 캐칭과 다이빙 세이브

골키퍼 캐칭 능력의 향상

2022 카타르 월드컵에서는 326회의 유효 슈팅 중 골키퍼가 136회를 다양한 캐칭 기술로 방어하였다. 양손으로 잡을 수 없는 아주 빠른 공부터 정확하게 잡을 수 있는 아주 느린 공까지 다양한 슈팅들을 적절한 각자의 기술들로 막아냈다. 물론 작은 실수는 있었지만 다른 월드컵 때처럼 직접적인 캐칭 실수로 인한 실점은 나오지 않아서, 골키퍼 캐칭 능력이 점차 향상되고 있으며, 골키퍼 수준도 높아졌다고 볼 수 있다.

캐칭 시 골키퍼의 머리 높이로 오는 공은 속도에 따라 한 번에 안정적으로 캐칭하거나 너무 빠르다 싶은 공은 손을 이용해 한번 튕겨주고 바로 캐칭하기도 한다. 그리고 머리 높이보다 높거나 복부로 오는 공, 또는 땅볼 캐칭 등 다양한 위치에서 골키퍼 캐칭이 이뤄진다. 그리고 펀칭 또한 골키퍼의 중요한 방어 수단으로 사용된다. 일반적으로 두 손 또는 한 손으로 공을 쳐내는 기술을 말하는데, 좀 더 상세하게는 펀치(punch), 패리(parry), 핑거팁(fingertip)으로 구분한다.

펀치는 말 그대로 주먹으로 공을 쳐내는 기술로 상대 슈팅이 강하게 날아올 경우 멀리 쳐내기 위해 사용한다. 양손으로 대부분 펀치하지만 높은 크로스 같은 공은 한 손으로 펀치하는 경우도 많다.

패리는 손바닥을 이용해 공을 세이브하는 것을 뜻한다. 골키퍼가 선방하는 장면에서 많이 하는 기술로 펀칭한 공이 상대방에게 흐르는 것을 방지하기 위해 의식적으로 공의 방향을 바꾸거나 골문을 향하는 공을 손바닥으로 밀어서 쳐내는 방어 기술이다.

핑거팁은 골문 구석이나 머리 위로 오는 공을 가까스로 쳐낼 때 사용하는 기술로 자연스럽게 한 손과 손가락을 사용하여 세이브하는 경우가 대부분이다.

조별 리그와 토너먼트에서 나온 136회의 유효 슈팅 골키퍼 캐칭을 유형별로 다음과 같이 정리해 보았다. 조별 리그와 토너먼트의 캐칭 횟수는 페널티 킥을 제외하면 경기당 평균 2.1회로 나타났다. 다만 세이빙 캐칭이나 크로스 캐칭, 일반적으로 움직이면서 처리하는 캐

구분	땅볼	미들볼	하이볼	바운드볼	볼 스톱핑	펀칭	캐칭 실수	합계
조별 리그	24 (23%)	21 (20%)	7 (7%)	17 (17%)	12 (12%)	14 (14%)	7 (7%)	102
토너먼트	7 (20%)	7 (20%)	5 (15%)	6 (18%)	– (0%)	6 (18%)	3 (9%)	34
합계	31 (23%)	28 (20%)	12 (9%)	23 (17%)	12 (9%)	20 (15%)	10 (7%)	136

칭을 제외하고 오직 유효 슈팅만을 기록한 것이다.

골키퍼의 다이빙 세이브

골키퍼만이 할 수 있는 다이빙 세이브(이하 세이빙)는 여러 종류가 있다.

자신의 발 바로 옆 1m 정도 몸을 스칠 듯이 날아오는 공을 제자리에서 빠르게 넘어지며 방어하는 컬렙스 다이빙(Collaps Diving)부터 골문 구석으로 날아오는 공을 날아오르듯 방어하는 멋진 하이 다이빙(High Diving)까지 다양한 기술들을 사용하여 136회의 유효 슈팅을 방어하였다.

2022 카타르 월드컵에서는 골키퍼가 세이빙할 때 공중으로 날아오르는 멋진 세이빙보다 몸 근처에 오는 공을 차단하는 컬렙스 기술을 훨씬 많이 사용했다. 또한 캐칭보다는 펀칭 사용 빈도가 훨씬 높게 나타났다. 골키퍼가 실제 경기에서 많이 사용한 기술과 방법들을 자세히 분석하여 골키퍼 훈련 프로그램을 구성할 때 참고 자료로 활용하면 좋을 것이다.

구분	컬렙스 세이빙	땅볼 세이빙	미들 세이빙	하이 세이빙	오버 헤드 세이빙	합계
조별 리그	37 (41%)	12 (13%)	17 (19%)	17 (19%)	7 (8%)	90
토너먼트	29 (63%)	3 (6%)	7 (15%)	4 (9%)	3 (7%)	46
합계	66 (49%)	15 (10%)	24 (18%)	21 (16%)	10 (7%)	136

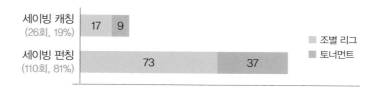

유효 슈팅을 방어하는 기술

유효 슈팅을 방어하는 기술은 다양하다. 누구나 잡을 수 있는 쉬운 슈팅이 있는가 하면, 순간적인 반응으로 모두를 감탄하게 만드는 멋진 슈퍼세이브는 축구 관람의 백미로 꼽힌다.

실제 축구 경기에서는 골키퍼의 세이빙 기술, 순간적인 1대1 상황과 페널티 킥 상황, 그리고 때로는 골키퍼를 통과하여 골문 안으로 들어가는 공을 동료 수비수가 막아주거나, 슈팅한 공이 골대에 맞고 나오는 행운의 순간까지 정말 다양한 상황들이 일어난다.

2022 카타르 월드컵의 유효 슈팅 상황에서 골키퍼들이 어떤 기술로 막아냈는지, 또는 어떠한 행운이 따라줬는지 이 자료를 통해 살펴보는 것도 흥미로울 것이다.

유효 슈팅의 42%를 골키퍼가 캐칭으로 방어했지만, 세이빙과 1대1, 페널티 킥을 합산한 기록이 49%로 더 많다는 사실은 골키퍼의 활약이 좋았다고 볼 수 있다. 특이한 것은 골포스트나 크로스바를 맞은 횟수가 25회로 8%나 차지했는데, 이는 실점 위기에서 행운이 따른 결과라고 볼 수밖에 없다.

구분	캐칭	세이빙	1대1	수비수 방어	골대	페널티 킥	유효 슈팅
조별 리그	102 (43%)	90 (38%)	13 (6%)	4 (2%)	21 (9%)	5 (2%)	235
토너먼트	34 (37%)	46 (51%)	6 (7%)	1 (1%)	4 (4%)	– (0%)	91
유효 슈팅	136 (42%)	136 (42%)	19 (6%)	5 (1%)	25 (8%)	5 (1%)	326

골키퍼의 크로스 캐칭과 펀칭

골키퍼에게 가장 위협적인 공격은 크로스

크로스를 차단하는 것은 골키퍼의 다양한 재능이 필요한 기술이다. 상대방이 골문 앞으로 올려보내는 공이 상대 공격수에게 그대로 전달될 경우, 골키퍼로서는 대단히 위험한 상황에 직면하기 때문에 크로스로 날아오는 공의 높이와 위치, 속도를 보면서 나갈 것인지 기다릴 것인지 순간적인 판단이 절대적이다.

즉, 골키퍼는 상대가 올리는 크로스를 보고 첫 스텝은 어느 방향으로 이동할 것인지, 언제 점프해야 하는지, 또 잡을 것인지, 쳐낼 것인지 등 다양한 판단을 스스로의 힘으로 해야 하는 고도의 정신 집중이 필요하다.

사실 축구 경기에서 골키퍼의 실점 중 크로스에 의한 실점이 가장 많다. 따라서 골키퍼가 정확하게 크로스를 차단하여 상대 공격수에게 바로 전달되지 않도록 처리한다면 실점은 많이 줄어들 것이 자명한 사실이다. 실점까지 바로 연결되진 않더라도 골키퍼의 실수 중 가장 많은 부분을 차지하는 것 역시 크로스 차단을 시도하다가 일어난다.

2022 카타르 월드컵에서 과연 골키퍼들이 크로스를 중간에서 몇 번이나 어떤 방법으로 차단하였는지, 또 어떤 실수가 있었는지 통계 자료를 통해 살펴본다.

골키퍼의 크로스 처리 방법 ▷▶

골키퍼가 상대방의 크로스를 처리하러 나가서는 대부분 캐칭 처리한 것으로 나타났다. 총 209회의 크로스 중 캐칭이 127회, 61%로 나타났고 펀칭이 60회, 29%였으며, 크로스 처리 실패가 22회, 10%였다. 골키퍼가 펀칭하여 상대방에게 공이 전달될 경우 또다시 위험한 상황이 올 수 있으므로 안전하게 잡아주는 것이 중요하다. 그래서 골키퍼로서는 가능한 한 크로스 공을 캐칭으로 처리하는 것이라고 볼 수 있다.

구분	캐칭	펀칭	실수	합계
조별 리그	96 (61%)	45 (29%)	16 (10%)	157
토너먼트	31 (60%)	15 (29%)	6 (11%)	52
합계	127 (61%)	60 (29%)	22 (10%)	209

크로스 캐칭 시 동작 분류 ▷▶

크로스 볼을 잡기 위해 이동하여 점프하는 동작은 두 발 점프가 가장 많음을 알 수 있다. 정확한 높이를 판단하고 안전하게 잡기 위한 동작이지만 공을 잡을 수 있는 범위는 작을 수밖에 없는 단점이 있다. 하지만 세계적인 골키퍼들은 안전하게 공을 처리하는 것이 최우선이기 때문에 이 방법을 많이 사용하며, 이동 캐칭은 골키퍼에게 가까운 거리나 상대 선수가 없는 상황에서 쉽게 잡는 경우 주로 사용한다.

구분	두 발 점프	한 발 점프	크로스 스텝 점프	이동 캐칭	세이빙 캐칭	합계
조별 리그	38 (40%)	10 (10%)	19 (20%)	22 (23%)	7 (7%)	96
토너먼트	10 (32%)	5 (16%)	9 (29%)	6 (20%)	1 (3%)	31
합계	48 (38%)	15 (12%)	28 (22%)	28 (22%)	8 (6%)	127

골키퍼 크로스 펀칭 ▷▷

골키퍼가 펀칭을 시도할 경우는 자기 골문 앞에 긴급히 공을 쳐내므로 상대편 공격수에게 공이 넘어갈 수도 있다. 그러면 곧바로 위험한 상황이 생기기 때문에 최대한 안전한 방향으로 보내는 것이 매우 중요하다. 대부분의 골키퍼들이 두 손을 사용하여 펀칭 처리한 것을 알 수 있다.

구분	두 손 펀칭	한 손 펀칭	세이빙 펀칭	합계
조별 리그	21 (47%)	13 (29%)	11 (24%)	45
토너먼트	6 (40%)	6 (40%)	3 (20%)	15
합계	27 (45%)	19 (32%)	14 (23%)	60

골키퍼 크로스 펀칭 점프 동작 ▷▶

공의 높이와 속도, 거리에 맞추기 위해 다양한 점프 방법이 나왔다. 특히 크로스 스텝 점프의 사용 빈도가 캐칭할 때보다 비율이 높아진 것을 알 수 있다.

구분	두 발 점프	한 발 점프	크로스 스텝 점프	세이빙 펀칭	합계
조별 리그	12 (27%)	10 (22%)	12 (27%)	11 (24%)	45
토너먼트	5 (33%)	5 (33%)	2 (14%)	3 (20%)	15
합계	17 (29%)	15 (25%)	14 (23%)	14 (23%)	60

골키퍼 크로스 차단 실수 ▷▶

골키퍼가 크로스 볼을 차단하기 위해 이동하였으나, 공격수가 앞에서 헤더를 먼저 하거나 골키퍼가 공을 터치하지 못하고 통과시키는 실수가 22회 정도 있었다. 훌륭한 골키퍼는 골문을 비우고 나가는 경우 최소한 공을 건드려 방향에 변화를 줘서 위험한 상황에 직면하지 않도록 위기를 관리하는 데 뛰어나다.

월드컵에서 골키퍼의 캐칭 실수나 펀칭 방향의 실수로 인한 득점이 극히 적은 것은 월드컵에 출전한 골키퍼들의 능력이 수준급 이상으로 뛰어나기 때문이다.

구분	앞에서 헤더	통과	캐칭 실수	펀칭 방향 실수	합계
조별 리그	8 (50%)	6 (38%)	1 (6%)	1 (6%)	16
토너먼트	2 (33%)	4 (67%)	– (0%)	– (0%)	6
합계	10 (45%)	10 (45%)	1 (5%)	1 (5%)	22

골키퍼가 대응하지 못한 실점

골키퍼가 가장 싫어하는 실점 유형

골키퍼는 경기 중에 다양한 슈팅 상황에서 실점을 할 수 있다. 때로는 골키퍼 본인의 실수로 실점도 할 수 있지만, 역시 가장 싫어하는 것은 아무 동작도 하지 못하고 골문으로 들어가는 공을 바라보는 실점일 것이다. 2022 카타르 월드컵에서는 골키퍼가 아무 동작도 하지 못하고 바라보기만 하면서 실점한 것이 24골이나 되었다.

실제로 경기 중에 골키퍼가 도저히 막을 수 없는 정도의 빠른 스피드와 방향으로 오는 득점 상황은 극히 적다. 또한 골키퍼는 이에 대비한 방어 훈련을 집중적으로 실시한다.

그러나 공격수가 슈팅하는 순간 수비수가 공을 가려서 보이지 않거나, 크로스 상황에서 수비수 없는 프리 상황의 헤더, 발에 의한 슈팅 등은 골키퍼가 전혀 대응하지 못하고 바라만 보는 실점이 많다. 따라서 크로스에 의한 실점의 정확한 원인을 다양하게 분석하여 상

166

황에 대비하는 반복훈련을 통해 극복해 나가는 것이 지도자의 몫이다.

골키퍼 무 대응 실점 상황 ▷▷

다음 자료처럼 전체 172골 중 14%인 24골을 골키퍼가 전혀 대응하지 못하고 실점했다. 페널티 킥을 제외한 155회의 필드골 중 15%가 넘게 실점을 바라보기만 했던 것이다. 세부적으로는 크로스에 의한 프리 헤더와 프리 슈팅이 합쳐서 63%인 15회, 그리고 1터치 슈팅이 83%인 20회로 가장 큰 비중을 차지한다. 크로스와 1터치 슈팅은 일반적으로 가장 많은 득점 요인이지만, 골키퍼가 이러한 상황에서 전혀 대응할 수 없는 경우가 많음을 알고 대비하여야 한다.

구분		1터치	2터치	3터치	합계
1대1	2대1 상황	2	–	–	2 (8%)
슈팅	수비 다리 사이 통과	–	1	–	6 (25%)
	일자 수비	1	–	1	
	좋은 슈팅	1	1	–	
	GK 위치 실수	–	–	1	
크로스 헤더	프리 헤더	8	–	–	15 (63%)
크로스 발	프리 슈팅	7	–	–	
컷백	프리 슈팅	1	–	–	1 (4%)
합계		20	2	2	24

골키퍼 패스 연결과 빌드업

빌드업에서의 골키퍼

축구는 득점을 하기 위한 경기이다. 득점하기 위해 공격 형태를 만들어 나가는 빌드업이 그동안 많은 경기에서 이루어졌으며, 이런 빌드업을 통한 공격 형태에서 골키퍼의 역할이 상당히 중요하게 작용하는 것이 현대 축구의 흐름이다.

이번에는 골키퍼가 동료에게 연결하여 득점 또는 유효 슈팅에 몇 번 영향을 주었는지, 골키퍼의 역할에 대해 분석해 보았다. 골키퍼가 동료에게 연결하는 방법은 패스, 킥 그리고 스로잉 등이 있는데, 조별 리그와 토너먼트에서 나온 결과를 두 부분으로 나누어 살펴보았다.

조별 리그에서의 골키퍼 연결과 득점 ▶▶

조별 리그 120골 중 18회가 골키퍼 연결로 이루어졌다. 득점에 골키퍼의 연결 영향력이 15%나 된다고 볼 수 있다. 골키퍼의 연결 방법은 대부분 한 번의 연결만을 하였고, 킥과 스로잉 등 단번에 연결하는 경우가 많았으며 리턴 패스는 단 한 번만 받은 것으로 나타났다.

구분	1번 연결	2번 연결	3번 연결	합계
패스	9	1	–	10
킥	4	–	–	4
스로잉	4	–	–	4
합계	17	1	–	18

토너먼트에서의 골키퍼 연결과 득점 ▷▶

토너먼트 52골 중 골키퍼 연결 패스에 의한 득점은 6번으로 12%의 영향력을 주었고, 조별 리그와 마찬가지로 대부분의 패스가 한 번에 연결되어 이루어졌다.

구분	1번 연결	2번 연결	3번 연결	합계
패스	2	2	–	4
킥	1	–	–	1
스로잉	1	–	–	1
합계	4	2	–	6

총득점과 골키퍼 패스 종류 ▷▶

총득점 172골 중 86%에 해당하는 148회는 골키퍼의 패스 연결 없이 득점까지 이루어졌다. 나머지 14%에 해당하는 24골의 득점은 다음 표처럼 골키퍼의 패스 연결을 통해 나왔다.

구분	1번 연결	2번 연결	3번 연결	합계
패스	11	3	–	14 (8%)
킥	5	–	–	5 (3%)
스로잉	5	–	–	5 (3%)
합계	21 (12%)	3 (2%)	– (0%)	24

총 유효 슈팅과 골키퍼 패스 ▷▶

총 유효 슈팅 326회 중 91%에 해당하는 296회는 골키퍼의 패스 연결 없이 슈팅까지 이루어졌다. 나머지 9%에 해당하는 30회의 유효 슈팅은 다음 표처럼 골키퍼의 패스 연결을 통해 이루어졌다.

구분	1번 연결	2번 연결	3번 연결	합계
패스	12	3	2	17 (5%)
킥	8	–	–	8 (2%)
스로잉	5	–	–	5 (2%)
합계	25 (7%)	3 (1%)	2 (1%)	30

16강에 진출한 아시아 3개국 골키퍼 비교

대한민국, 일본, 호주의 수문장

2022 카타르 월드컵에서 대한민국을 비롯하여 아시아 3개국이 16 강에 진출하였다. 그중 대한민국 골키퍼 김승규를 비롯해 일본의 곤다 슈이치, 호주의 매튜 라이언 등 3개국의 골키퍼들이 어떤 기술을 사용하여 유효 슈팅을 막았는지, 사이드에서 올라오는 크로스를 어떤 기술로 몇 번 방어했는지 분석해 보았다.

각국이 상대한 팀들의 경기 능력과 상황마다 차이가 있어서, 선수 개개인의 능력과 경기력 차이를 단순 비교하기는 어렵다. 하지만 실점 상황을 되돌아보고 어떤 점을 보완하며 발전시켜 나아갈지 고민하는 계기가 되었으면 한다.

vs	우루과이	가나	포르투갈	브라질	총실점
대한민국	–	3	1	4	8

vs	독일	코스타리카	스페인	크로아티아	총실점
일본	1	1	1	1	4

vs	프랑스	튀니지	덴마크	아르헨티나	총실점
호주	4	–		2	6

경기당 실점률은 대한민국 2실점, 일본 1실점, 호주 1.5실점으로 대한민국 골키퍼 김승규의 실점률이 다른 두 골키퍼에 비해 많은 편이지만, 단순하게 비교할 수는 없다. 슈팅 상황과 수비수의 위치, 공의 스피드와 방향 등 다양한 변수가 있으므로 실점률만으로 선수의 기량을 평가하기는 어렵다.

유효 슈팅을 방어한 횟수와 방어율 ▷▷

대한민국 골키퍼 김승규는 19회의 유효 슈팅 중 8골을 실점했고, 11회의 유효 슈팅을 방어하여 58%의 유효 슈팅 방어율을 보여주었다. 이 중 2회는 골대를 맞아 실점하지 않았다.

일본 골키퍼 곤다 슈이치는 16회의 유효 슈팅 중 4골을 실점했고, 12회의 유효 슈팅을 방어하여 75%의 유효 슈팅 방어율을 기록했다.

호주 골키퍼 매튜 라이언은 19회의 유효 슈팅 중 6골을 실점했고, 13회의 유효 슈팅을 방어하여 68%의 유효 슈팅 방어율을 보여주었다.

구분	캐칭	세이빙	1대1	골대	수비수 방어	합계
김승규	2	6	1	2	–	11
곤다 슈이치	3	7	1	1	–	12
매튜 라이언	8	4	–	–	1	13

캐칭한 유효 슈팅의 유형 ▷▶

골키퍼가 캐칭을 하는 경우는 정면 또는 몸 근처로 오거나 공의 스피드가 빠르지 않은 경우가 대부분이다. 호주의 골키퍼가 유달리 캐칭이 많은 이유는, 동료 수비수가 상대 공격수를 잘 견제해서 슈팅 방향을 골키퍼가 쉽게 처리할 수 있는 정면으로 만든 경우가 많기 때문으로 분석된다.

구분	땅볼	미들볼	하이볼	바운드볼	볼 스톱핑	합계
김승규	–	–	–	2	–	2
곤다 슈이치	–	1	–	1	1	3
매튜 라이언	2	4	–	2	–	8

세이빙한 유효 슈팅의 유형 ▷▶

다이빙 세이브(이하 세이빙)는 골키퍼가 몸을 날려 공을 막는 기술이다. 근접거리로 오는 공을 차단하는 컬렙스부터 머리 위로 오는 오버헤드 세이빙까지 다양한 기술을 사용하여 상대 슈팅을 방어한 기록이다.

구분	컬렙스	땅볼 세이빙	미들볼 세이빙	하이볼 세이빙	오버헤드 세이빙	합계
김승규	4	2	–	–	–	6
곤다 슈이치	3	1	2	1	–	7
매튜 라이언	1	–	1	1	1	4

크로스 캐칭과 펀칭 ▷▶

사이드에서 골문 방향으로 오는 다양한 크로스를 중간에 차단하는 방법은 캐칭과 펀칭 2가지가 있다. 캐칭은 상대의 위협으로부터 안전하고 우리 팀 공격의 시작이 되며, 펀칭은 일시적으로 위험을 벗어나지만 공의 이동 경로에 따라서 다른 위험이 생길 수 있다. 어떤 방법이든 크로스를 중간에 차단하는 것은 골키퍼로서 과감하고 결단력이 있어야 가능한 기술이다.

구분	크로스 캐칭	크로스 펀칭	합계
김승규	2	2	4
곤다 슈이치	3	3	6
매튜 라이언	6	2	8

5장

메시의 아르헨티나 vs 음바페의 프랑스

메시의 활약과 득점 및 유효 슈팅

축구의 신

리오넬 메시는 2022 카타르 월드컵 이전에 이미 발롱도르 7회 수상, FIFA 월드 베스트 일레븐 15년 연속 선정, 각종 대회 득점왕과 도움왕 등의 개인 경력이 압도적일 뿐만 아니라, UEFA 챔피언스리그, 스페인 라 리가 및 국왕컵, FIFA 클럽월드컵 등의 클럽 우승 경력도 완벽했다. 아르헨티나 국가대표로서도 2008 베이징 올림픽, 2021 코파 아메리카에서 우승했고, 2014 독일 월드컵 준우승을 이끌었다.

이처럼 당대 최고의 스타플레이어였던 메시에게 월드컵 우승은 축구선수로서 최후의 숙원이었다. 역대 최고의 축구선수들로 평가되는 펠레, 마라도나보다 유일하게 뒤처지는 부분이었다. 출전 당시만 35세로 마지막 월드컵이 될 가능성이 컸던 2022 카타르 월드컵에서 메시는 7골 3도움으로 아르헨티나의 우승을 이끌면서 마침내 축구 역사상 가장 위대한 선수로 등극해야 한다는 논평이 쏟아졌다.

즉, 역대 최고 선수를 뜻하는 고트(GOAT) 반열에 올라야 한다는 주장이 나오기 시작한 것이다. 고트 논쟁에서 사상 최고의 축구선수 (Greatest Of All Time)로 펠레, 마라도나 그리고 메시, 호날두가 거론되었으나 아르헨티나가 월드컵을 차지함으로써 메시가 고트의 지위를 누릴 시간이 되었다는 주장에 힘이 실렸다.

메시는 2022 카타르 월드컵에서 5회의 페널티 킥 기회 중 4골 성공을 포함하여 7골 3도움을 기록해 득점 2위에 올랐다. 폴란드와의 C조 최종전에서 페널티 킥을 실축하지 않았다면 메시는 8골을 기록하여 대회 득점왕인 킬리안 음바페와 공동 1위를 기록할 수도 있었다. 그뿐 아니라 조별 리그부터 16강, 8강, 4강, 결승까지 모두 득점을 올리는 진기록을 달성했다. 또한 월드컵 통산 13골을 기록하여 펠레의 12골을 넘어섰고, 월드컵 최다 출장 기록(26경기)도 새로 썼다.

세계 축구 팬들의 기대에 걸맞게 화려한 드리블을 선보이며 다양한 위치와 거리에서 득점과 유효 슈팅을 기록함으로써 메시는 2022 카타르 월드컵 최우수 선수로 선정되었다. 왜 메시가 불세출의 축구선수인지 확실하게 보여준 대회였다.

이러한 메시의 아르헨티나는 조별 리그 첫 상대로 사우디아

라비아를 만났다. 전반 10분 만에 레안드로 파레데스가 얻은 페널티 킥을 메시가 성공시켜서 아르헨티나가 쉽게 이기는 듯했다. 그러나 전반에만 3골이 오프사이드로 취소되는 등 분위기가 변하더니 급기야 후반에 2골을 허용하여 아르헨티나는 1대2로 충격적인 패배를 당했다. 메시는 경기 후 기자들의 질문에 허심탄회한 표정으로 "남은 2경기를 잘 준비하겠다"라며 결의를 다졌다.

조별 리그 2차전인 멕시코전에서는 전반전 내내 멕시코의 밀집 수비에 막혀 이렇다 할 찬스를 만들지 못하고, 멕시코의 압박축구에 거친 플레이가 난무하는 경기가 계속되었다. 후반전에도 멕시코에게 밀리는 경기를 펼치자 아르헨티나는 메시를 3선으로 내려 빌드업부터 주도하는 비상 상황이었다.

이때 후반 19분경 모두가 예상치 못한 페널티박스 외곽 중앙에서 멕시코 수비수 4명을 앞에 두고 메시가 중거리 땅볼 슛을 전광석화처럼 성공시켜 아르헨티나의 터닝 포인트를 만들어 내었다. 역시 메시였다. 이후 팀 동료 엔소 페르난데스의 후반 42분 쐐기골도 어시스트하며 맨 오브 더 매치(Man Of the Match)에 선정되었다. 아르헨티나가 다시 살아나는 계기를 메시 스스로 만들어낸 기념비적인 경기가 이 경기였다고 나는 평가한다.

조별 리그 3차전인 폴란드전은 기세가 오른 아르헨티나가 일방적인 우세 속에서 2대0으로 승리하였다. 전반에 메시가 직접 얻어낸 페널티 킥을 실패했음에도 불구하고 아르헨티나는 반코트 경기를 펼치면서 우승 후보다운 면모를 유감없이 보여줬다.

조 1위로 16강에 진출한 아르헨티나는 아시아의 호주와 만났는데, 메시는 이 경기에서 최고의 기량을 펼쳤다고 경기 후 언론매체에서 평가했다. 메시는 전반 35분 호주 문전에서 페널티박스 중앙으로 파고들면서, 자신에게 온 짧은 패스를 1터치한 후에 슈팅했다. 전매특허인 왼발 인프런트 슈팅을 쏘았고, 공이 수비수 다리 사이를 통과하여 골대 왼쪽 구석에 그대로 꽂혔다. 명불허전의 슈팅이었다.

경기는 아르헨티나의 2대1 승리로 끝났으며, 메시는 경기 내내 공격을 주도하면서 호주 수비수들을 끊임없이 흔들어 놓았다. 메시의 경기라고 평가해도 좋을 만큼 맹활약을 펼친 경기였다.

이어서 메시의 아르헨티나는 8강 상대로 네덜란드를 만났다. 메시의 화려한 드리블과 슈팅을 막기 위해 네덜란드는 메시 앞에 두 줄로 수비진을 구축하는 전술을 펼쳤다.

일진일퇴를 거듭하던 중에 2022 카타르 월드컵 최고의 어시스트 장면이 전반 34분에 메시의 발에서 나왔다. 상대 코트 중간 정도에서 드리블하던 메시는 네덜란드 수비수가 두 줄로 3명씩 6명이 앞에 있는 가운데 동료 나우엘 몰리나가 파고드는 페널티박스 안쪽으로 절묘한 스루패스를 찔러주어 득점케 하는 '축구의 신'다운 모습을 보여주었다. 경기는 후반 막판에 분전한 네덜란드와 2대2로 비긴

후 승부차기에서 4대3으로 승리하며 아르헨티나가 4강에 진출했다.

아르헨티나는 2014 브라질 월드컵 준우승국이었는데 4강에서 2018 러시아 월드컵 준우승국인 크로아티아를 만났다. 전반전부터 메시는 공격을 주도하며 활발한 움직임을 보였고, 전반 34분 훌리안 알바레스가 얻어낸 페널티 킥을 메시가 보란 듯이 골문 구석으로 강력하게 왼발 슈팅을 작렬시켜 상대의 기를 꺾어버렸다. 이후에도 현란한 드리블로 상대 수비수 3~4명을 멍하게 만드는 등 활약을 펼친 끝에 3대0으로 완승하며 결승행을 확정지었다.

운명의 결승전 상대는 월드컵 2연패를 노리는 프랑스였다. 젊은 유망주가 즐비한 프랑스는 노장들이 주축인 아르헨티나와의 힘겨루기에서 결코 뒤지지 않는 팀이었다. 전반전은 메시의 아르헨티나가 선수기용에서 승리했다. 예상치 못한 선발로 앙헬 디 마리아가 출전하여 전반 23분 페널티 킥을 얻어냈고, 역시 메시가 성공시키면서 앞서 나갔다. 이후 전반 36분 디 마리아가 추가 골을 성공시키며 우승컵에 한 걸음 다가서는 듯했다.

후반전에 선수 교체로 분위기를 일신한 프랑스는 음바페의 활약에 한껏 달아올랐다. 연속 2골을 성공시킨 음바페는 계속 몰아붙였고 경기는 연장전으로 넘어갔다. 연장 후반 3분에 메시가 침착한 슈팅으로 다시 3대2의 리드를 가져오면서 월드컵을 거머쥐는 듯 포효했다. 하지만 연장 후반 13분 음바페의 드라마 같은 페널티 킥 성공으로 최종 스코어가 3대3이 되어, 양 팀은 승부차기에 돌입했다.

프랑스의 1번 키커인 음바페, 아르헨티나의 1번 키커인 메시 둘 다 페널티 킥에 성공했다. 이후 프랑스의 젊은 선수들보다 노련한 아르헨티나 선수들이 실수를 하지 않으며 4대2로 우승컵을 들어 올렸다.

메시의 아르헨티나가 36년 전 아르헨티나를 우승시킨 선배 마라도나의 우승 세리머니를 재현하는 영광을 누리며 월드컵의 새 역사를 남긴 것이다.

메시의 득점 위치 및 터치 수 ▷▶

2022 카타르 월드컵에서 메시의 총 7득점 중에 페널티 킥 4골을 제외하면 필드골은 3골이었다. 그중 1터치 득점이 1골, 2터치 득점이 2골이었다. 득점할 때는 3터치 이상의 움직임을 가져가지 않고 2터치 이내로 간결하게 슈팅하는 모습을 보여줬다.

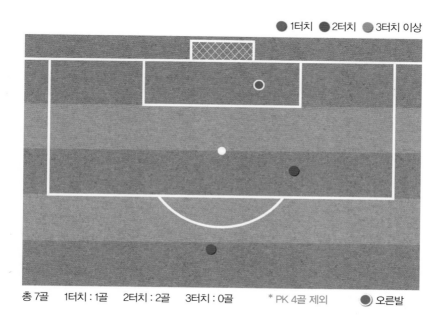

● 1터치 ● 2터치 ● 3터치 이상

총 7골   1터치 : 1골   2터치 : 2골   3터치 : 0골   * PK 4골 제외   ● 오른발

메시의 유효 슈팅 위치 및 터치 수 ▷▷

2022 카타르 월드컵에서 페널티 킥 실축 1회를 제외하면 메시의 유효 슈팅은 8회였다. 그중 1터치 슈팅과 2터치 슈팅이 각각 2회, 3터치 이상의 슈팅은 4회였다. 슈팅할 각을 찾기 위해서 드리블하다 보니 3터치 이상의 슈팅이 가장 많아졌겠지만, 아무리 메시일지라도 3터치 이상의 슈팅으로는 득점하기 쉽지 않음을 알 수 있다.

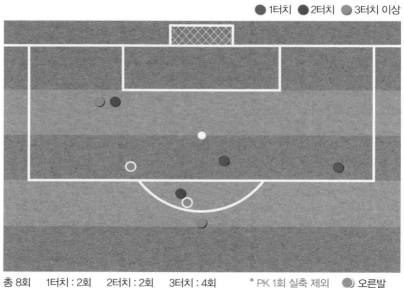

● 1터치 ● 2터치 ● 3터치 이상

총 8회　1터치 : 2회　2터치 : 2회　3터치 : 4회　　* PK 1회 실축 제외　◐ 오른발

메시의 슈팅 방향 ▷▶

2022 카타르 월드컵에서 메시는 총 유효 슈팅 16회를 기록했다. 그 중 페널티 킥 4골과 실축 1회를 제외하면, 메시는 11회의 총 유효 슈팅 가운데 3회를 필드골로 연결했다.

수평 방향으로 보면 좌우와 중앙 모두 1골씩 고르게 득점했는데, 수직 방향으로 보면 득점은 물론 유효 슈팅까지도 높이가 낮은 쪽을 집중적으로 노렸음을 알 수 있다. 낮은 쪽 중에서도 골키퍼의 오른쪽으로 유효 슈팅이 많았던 까닭은 왼발잡이인 메시가 평소 파 포스트 공략에 익숙했기 때문으로 여겨진다.

● 득점 ● 유효 슈팅

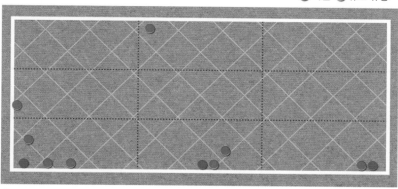

총 유효 슈팅 11회   득점 : 3골   유효 슈팅 : 8회
* PK 4골, 실패 1회 제외

음바페의 활약과 득점 및 유효 슈팅

새로운 축구 영웅

킬리안 음바페는 2018 러시아 월드컵에서 만 19세의 나이로 4골을 기록하며 프랑스의 월드컵 우승에 기여하고 베스트 영플레이어를 수상했다. 이후 2019년까지 FIFA 월드 베스트 일레븐에 2년 연속 선정되었고, 2022 카타르 월드컵 직전까지 프랑스 리그 앙에서 4년 연속 득점왕을 석권하며 월드 클래스 공격수로 성장해왔다.

이처럼 리오넬 메시와 크리스티아누 호날두를 뒤이을 재능으로 기대받았던 음바페에게 2022 카타르 월드컵은 자신의 시대가 본격적으로 펼쳐질 것임을 세계인에게 증명할 수 있는 절호의 기회로 삼을 만했다. 결승전에서 프랑스는 승부차기 끝에 아쉽게 패배하며 준우승에 머물렀지만, 음바페는 해트트릭을 기록하면서 '축구의 신'에 맞서 싸운 '최강의 인간'이라는 극적인 서사를 연출했다.

음바페는 2022 카타르 월드컵에서 페널티 킥 2골을 포함하여 총 8골을 득점해서 월드컵 득점왕에게 수여하는 골든 부트를 수상하였으며, 4개의 유효 슈팅을 기록하여 12회의 총 유효 슈팅 중에서 8골을 득점하는 집중력을 보여줬다. 또한 음바페는 2도움까지 곁들여, 대회 최우수 선수(골든 볼) 메시에 이어서 실버 볼도 수상했다.

12개의 유효 슈팅 중 헤더 1골을 제외하면 음바페는 모두 오른발을 사용하였고, 골키퍼 오른쪽에서 슈팅을 하여 만들어냈다는 것이 특징이다. 또한 스스로 찬스를 만들어 내는 3터치 이상의 슈팅이나 동료에게 연결을 받아 1터치로 득점을 하는 패턴을 보여줬다. 개인 기에 의한 탁월한 경기운영 능력을 유감없이 발휘한 음바페였다.

이러한 음바페의 프랑스는 조별 리그 첫 상대로 호주를 만났다. 경기 시작부터 음바페는 빠른 발을 이용해 호주의 수비를 흔들었다. 전반 31분 페널티 박스 외곽 좌측면에서 음바페가 동료 라비오에게 연결한 백힐 패스는 동물적인 감각으로부터 나오는 환상적인 패스였고, 결국 올리비에 지루의 역전 골을 만들어내는 계기가 되었다.

후반전에 음바페는 더욱 활발하게 움직였고, 2022 카타르 월드컵에서 유일한 자신의 헤더골을 후반 23분에 성공시켰다. 후반 25분에는 좌측면을 가볍게 돌파하며 크로스를 올려서 올리비에 지루의 쐐기 헤더 골을 어시스트하는 등 4대1 승리에 이바지함으로써 음바페는 프랑스의 첫 경기 최우수 선수에 등극하였다.

프랑스의 두 번째 상대는 신체조건이 좋은 북유럽의 강호 덴마크였다. 역시 음바페의 활약이 뛰어났던 경기였고, 압도적인 스피드로 덴마크의 수비진을 능가하며 멀티 골을 작렬시켜 프랑스의 16강 진출을 확정 지은 경기이기도 했다.

16강 진출이 확정된 프랑스는 마지막 조별예선 상대로 튀니지를 만나 음바페를 벤치에서 출발시켰다. 후반에 튀니지가 선제골을 터뜨리자 곧바로 음바페를 출전시켰다. 하지만 좀처럼 득점기회를 만들지 못했고 결국 0대1 패배를 맛보았다. 16강 진출팀의 여유가 깔린 경기였다.

프랑스의 16강 상대는 전통의 강호 폴란드였다. 이 경기는 음바페가 가진 모든 진가를 유감없이 보여준 경기라고 할 만하다. 2골 1도움을 기록하며 종횡무진 활약해 또다시 맨 오브 더 매치에 선정되었고, 특히 전반 26분에 보여준 돌파 장면은 음바페가 왜 세계인의 찬사를 듣는지 보여주었다. 하프라인에서 패스 연결을 받은 음바페가 앞서있는 폴란드 수비수 프란코프

스키의 오른쪽 앞으로 멀리 공을 차 놓고 달리기 경합을 하여 돌파하는 멋진 장면이 바로 그것이다. 경기 결과는 3대1로 프랑스가 8강에 진출했다.

8강 상대는 역사적인 라이벌 잉글랜드로 결정되었다. 잉글랜드는 음바페를 집중적으로 마크하기 위한 수비전략으로 나섰다. 따라서 잉글랜드의 철저한 견제 때문에 음바페가 이렇다 할 활약을 하지 못한 경기로 남게 되었다. 다만 음바페에게 잉글랜드의 수비가 집중됨으로써 다른 동료들이 활약할 공간이 생겼다. 이것을 잘 이용한 프랑스가 2대1로 승리해 4강에 진출했다.

준결승에서 음바페의 프랑스는 아프리카의 모로코와 결전을 벌였다. 왼쪽 윙 포워드로 출발한 음바페는 수비와 공격을 막론하고 종횡무진 달리며 경기를 주도했다. 후반 5분에 보여준 엄청난 스피드의 치고 달리기는 비록 득점으로 이어지지는 못했지만, '신형 제트기'라는 찬사에 걸맞은 드리블이었다.

후반 33분에는 모로코 수비수 6명이 밀집한 상대 골문 앞에서도 음바페가 공을 지켜내는 침착한 드리블로 축구 팬들을 경탄케 했다. 이것은 프랑스의 추가 골로도 이어진 장면이었다. 음바페의 슈팅들이 굴절될 때, 세컨드 볼을 동료들이 골로 잘 연결함으로써 프랑스가 2대0으로 승리하고 결승에 진출했다.

결승전 상대는 메시의 아르헨티나였다. 전반전에는 상대의 강력한 견제와 수비벽에 막혀 음바페도 이렇다 할 활약이 없었고, 프랑스가

0대2로 끌려갔다. 좀처럼 흐름을 가져오지 못하고 답답한 프랑스의 공격에 변화가 필요했다. 후반전부터 서서히 살아나기 시작한 프랑스는 음바페가 측면과 중앙을 자유롭게 넘나들며 찬스를 만들었다.

마침내 후반 35분 동료가 페널티 킥을 얻어냈고, 키커로 나선 음바페가 자신 있게 성공시켰다. 이어서 채 2분도 지나기 전에 음바페가 마르쿠스 튀랑의 어시스트를 환상적인 발리 슛으로 연결해 득점했다. 스코어가 2대2로 동률을 이루면서 경기장은 흥분의 도가니가 되었고, 정규시간 90분 이내에 가리지 못한 승부는 연장전으로 접어들었다.

연장 후반 메시의 골로 2대3이 되어 프랑스의 패색이 짙던 종료 3분 전, 음바페는 본인이 만들어낸 페널티 킥을 성공시켜 경기를 승부차기까지 끌고 갔다. 이 경기에서 음바페는 1966년 잉글랜드의 제프 허스트에 이어 월드컵 결승전에서 해트트릭을 기록한 두 번째 선수가 되었다.

음바페의 득점 위치 및 터치 수 ▷▶

2022 카타르 월드컵에서 음바페의 총 8득점 중에 페널티 킥 2골을 제외하면 필드골은 6골이었다. 그중 1터치 득점이 헤더 1골을 포함하여 4골, 3터치 이상의 득점이 2골이었다. 밀집 수비의 틈바구니에서도 동료의 패스를 1터치로 마무리 짓는 순발력은 물론, 3터치 이상의 드리블로 슈팅할 각을 찾아서 득점할 줄 아는 침착함까지 함께 보여준 음바페였다.

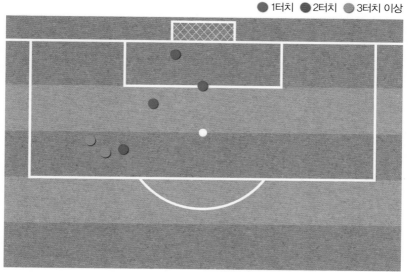

● 1터치 ● 2터치 ● 3터치 이상

총 8골   1터치 : 4골   2터치 : 0골   3터치 : 2골   * 헤더 1골   PK 2골 제외

음바페의 유효 슈팅 위치 및 터치 수 ▷▶

2022 카타르 월드컵에서 음바페의 유효 슈팅은 4회였다. 그중 1터치 슈팅이 1회, 3터치 이상의 슈팅이 3회였다. 3터치 이상의 득점이 없는 메시보다는 음바페가 3터치 이상의 득점에 능하다고 볼 수도 있지만, 음바페 또한 3터치 이상의 슈팅에서 득점 성공보다는 실패가 더 많음을 우리는 유념할 필요가 있다.

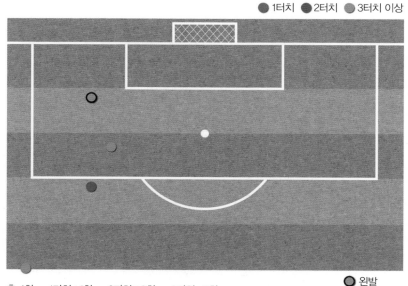

총 4회   1터치 : 1회   2터치 : 0회   3터치 : 3회

음바페의 슈팅 방향 ▷▷

2022 카타르 월드컵에서 음바페는 총 유효 슈팅 12회를 기록했다. 그중 페널티 킥 2골을 제외하면, 음바페는 10회의 총 유효 슈팅 가운데 6회를 필드골로 연결했다.

수평 방향으로 보면 골키퍼의 왼쪽으로 2골, 중앙으로 1골, 골키퍼의 오른쪽으로 3골을 득점해 비교적 고른 분포를 나타낸다. 음바페는 오른발잡이임에도 골키퍼의 왼쪽보다는 오른쪽으로 득점과 유효 슈팅을 많이 기록한 점이 눈에 띈다. 골키퍼의 세이브 범위를 벗어나는 파 포스트를 노리기보다는, 재빠른 침투나 강력한 슈팅 등으로 골키퍼의 반응보다 빠르게 득점하기 위해 니어 포스트를 공략하는 성향이라고 볼 수 있다.

수직 방향으로 보면 높이가 낮은 쪽으로 득점과 유효 슈팅의 절반이 집중되었다. 골키퍼가 다이빙하더라도 높은 곳보다는 땅에 가까

● 득점 ● 유효 슈팅

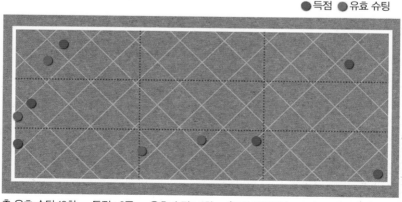

총 유효 슈팅 10회　　득점 : 6골　　유효 슈팅 : 4회　　＊ PK 2골 제외

운 낮은 곳에 손이 늦게 닿음을 알기 때문에 메시는 물론 음바페도 낮은 곳을 노린 것이다. 그리고 높은 곳으로 슈팅하면 공이 크로스바에 맞고 튀어나와서 득점에 실패할 수도 있지만, 낮은 곳으로의 슈팅이 높낮이 때문에 골대에 맞을 일은 없으므로 더 득점 확률이 높은 편을 선택했다고도 볼 수 있다.

부록

재미있는
2022 카타르 월드컵 기록

최장거리 슈팅

    모로코와 캐나다의 2022 카타르 월드컵 F조 최종전 전반 3분. 모로코 최전방 공격수 유세프 엔네시리가 적극적으로 전방 압박을 펼쳤고, 이에 캐나다 중앙 수비수 스티븐 비토리아는 황급히 골키퍼 밀란 보르얀에게 공을 보냈다.

    백패스가 약간 아슬아슬했지만, 보르얀이 동료에게 패스하거나 멀리 걷어낼 수도 있었다. 그런데 좌측면 수비수 카말 밀러에게 보낸 보르얀의 패스가, 모로코 공격수 하킴 지예시에게 가고 말았다.

    보르얀의 느슨한 판단과 애매한 공 처리가 우선 미스 플레이였지만, 이 장면은 모로코의 엔네시리를 뒤따라 전방 압박에 가담했던 하킴 지예시의 공간 이해력 덕분에 얻어낸 기회로 볼 수도 있다.

    골키퍼 밀란 보르얀이 뛰쳐나온 탓에 비어있던 캐나다의 골문을 향해 지예시는 30m 거리에서 논스톱 로빙 슈팅을 시도했고, 보르얀의 키를 넘어간 이 슈팅은 이 대회의 최장거리 득점이 되었다.

최장거리 프리킥

모로코와 벨기에의 2022 카타르 월드컵 F조 3번째 경기 후반 27분. 벨기에 골키퍼 우측 코너 부근에서 벨기에의 반칙으로 모로코가 프리킥 기회를 만들었다. 골대와의 거리는 약 28m로 슈팅 각도가 거의 나오지 않는 위치였지만, 모로코의 압델하미드 샤이르가 과감하고 절묘한 오른발 프리킥을 시도했다.

벨기에의 수비벽을 넘어 골키퍼 우측 낮은 방향으로 날아오는 순간, 벨기에 수비수 사이를 빠져나온 모로코의 로맹 사이스가 공의 궤적을 일시적으로 가려버렸다. 이 움직임 때문에 벨기에 골키퍼 티보 쿠르투아가 공을 정확하게 보지 못해 그대로 실점으로 이어졌다. 벨기에 수비의 아쉬운 위치선정과 모로코의 재치 있는 판단이 이 골을 만들었다.

참고로 2022 카타르 월드컵에서 페널티에어리어 밖에서의 득점이 14골이며, 특히 이 지역에서의 득점은 캐나다와 모로코의 경기에서 캐나다의 크로스를 연결하려는 공이 수비수의 몸에 맞고 굴절되어 득점한 것이 유일하다. 반대편 지역에서는 단 1골도 기록하지 못하였으며, 나머지 12골은 모두 중앙에서만 이루어졌다.

최장 공격 시간 득점

대한민국과 가나의 2022 카타르 월드컵 H조 3번째 경기 전반 32분 14초. 가나 골키퍼 로런스 아티지기로부터 시작된 빌드업이 전반 33분 48초까지 총 94초 동안 이어졌다. 대한민국의 대인방어 등 적절한 수비가 이루어지지 않아서 가나가 무려 31회의 패스를 자유롭게 연결하는 동안 차단하지 못했다.

특히 가나의 조르당 아예우가 방해 없이 자유롭게 크로스를 모하메드 쿠두스에게 연결했고, 대한민국 수비의 방해가 없는 프리 상태로 골 에어리어 부근에서 헤더 슈팅이 이뤄졌다. 골키퍼 김승규의 왼쪽 낮은 방향으로 공을 보내어 모하메드 쿠두스가 득점했다.

최다 패스 연결 득점

잉글랜드와 이란의 2022 카타르 월드컵 B조 첫 경기. 상대 진영 하프라인 부근에서 프리킥으로 시작된 패스 연결이 5골로 이어지며 이란은 많은 실점을 한 상태였다. 이란 선수들이 전방 압박을 시도하여 차단을 노렸으나, 잉글랜드 선수들은 후반 42분부터 후반 44분까지

34회에 이르는 좌우 넓은 패스와 앞뒤 깊은 패스 연결을 통해 이란 수비진의 전진을 유도했다.

이때 잉글랜드가 뒷공간 패스를 통해 순간적으로 3명의 공격수를 2명의 이란 수비수가 막아야 하는 상황으로 만들었다. 잉글랜드가 보여준 전형적인 빌드업 작전으로, 특히 문전 앞에서 이란 골키퍼 알리레자 베이란반드와 마주한 잉글랜드의 칼럼 윌슨이 득점에 욕심내지 않고 중앙 빈자리에 있던 동료 잭 그릴리시에게 패스하여 쉽게 득점함으로써 최다 패스 후 득점을 기록했다.

최장 공격 시간 및 최다 패스 연결 유효 슈팅

아르헨티나와 폴란드의 2022 카타르 월드컵 C조 최종전. 자신의 진영에서 폴란드의 공격을 차단한 아르헨티나 선수들이 후반 23분 32초부터 후반 25분 34초까지 122초 동안 양 진영을 오가는 다양한 패스를 51회 연결했다. 그 후 아르헨티나 미드필더 엔소 페르난데스의 땅볼 크로스를 공격수 리오넬 메시가 낮은 땅볼 논스톱 슈팅으로 연결했으나, 폴란드 골키퍼 슈첸스니의 선방에 막혔다.

하지만 폭넓은 운동장 사용과 수준 높은 개인 기술로 상대 선수들의 도전을 뿌리치고 이 대회 최다 패스 연결 횟수인 51회를 기록해, 우승팀답게 완성도 높은 빌드업을 보여주었다.

킥오프 득점

아르헨티나와 폴란드의 2022 카타르 월드컵 C조 최종전. 리오넬 메시의 후반전 킥오프로 시작된 아르헨티나의 공격은 52초 동안 빠르고 다양한 18번의 패스로 연결되었다. 이후 나우엘 몰리나의 땅볼 크로스를 알렉시스 마칼리스테르가 논스톱 땅볼 슈팅으로 오른쪽 골문 구석에 보내어, 폴란드 골키퍼 보이치에흐 슈쳉스니의 세이빙 범위를 벗어남으로써 득점에 성공했다.

이 득점은 킥오프 후 상대 선수들의 패스 차단 없이 이루어진 득점으로는 이 대회에서 유일한 진기록이다.

킥오프 유효 슈팅

일본과 코스타리카의 2022 카타르 월드컵 E조 3번째 경기. 후반 킥오프 후 일본의 간결한 패스 연결이 23초 동안 9회 이뤄졌다. 아사노 다쿠마의 재치 있는 패스를 받은 모리타 히데마사가 개인 드리블로 2명의 코스타리카 수비수를 따돌렸다. 이어서 페널티에어리어 외곽에서 골키퍼 왼쪽 골문 상단을 향해 강하게 슈팅했으나, 코스타리카 골키퍼 케일러 나바스가 멋진 세이빙으로 막았다.

빠른 공격 진행과 개개인의 간결한 패스 연결 기량이 돋보인 장면이었다. 비록 순발력과 판단력이 뛰어난 나바스의 벽을 넘지 못했으나, 이 대회에서 킥오프 후 유효 슈팅으로 이어진 2회 중 하나였다.

그리고 스위스와 세르비아의 2022 카타르 월드컵 G조 최종전. 스위스의 전반 킥오프 후 21초 만에 크로스에 의한 슈팅이 세르비아 수비수 몸에 맞고 흘러나왔다. 이 공이 스위스 공격수 브릴 엠볼로에게 연결되어 골키퍼와의 1대1 기회를 맞이했으나, 세르비아 골키퍼 바냐 밀린코비치-사비치의 침착한 대응으로 득점에는 실패했다. 노골이지만 7번의 짧은 패스 연결과 빠른 크로스 등은 이 대회에서 단 2번 나온, 킥오프 후 최단 시간 유효 슈팅을 기록했다.

한 경기 직접 프리킥 득점과 코너킥 동시 득점 경기

멕시코와 사우디아라비아의 2022 카타르 월드컵 C조 최종전. 후반 1분 51초에 사우디아라비아 골키퍼 오른쪽 코너킥을 멕시코가 가까운 골 에어리어로 낮게 연결했다. 세트피스에 가담한 멕시코 수비수 세사르 몬테스가 재치 있게 오른발로 중앙에서 전진하던 엔리 마르틴에게 보내 득점에 성공했다. 사우디아라비아 수비수들은 높이 오는 공만 대비하여 짧게 오는 크로스와 중앙으로 이동하는 멕시코 선수들을 대비하지 못해 쉽게 실점했다.

이어서 후반 6분에는 페널티에어리어 중앙 약 27m 거리에서 얻은 프리킥을 멕시코의 루이스 차베스가 왼발로 강력하게 직접 슈팅했다. 이 슈팅은 사우디아라비아 골키퍼 알리레자 베이란반드의 오른쪽 상단 모서리로 향하여 득점이 되었다. 멕시코는 이 경기에서 3번의 직접 프리킥을 유효 슈팅으로 연결하는 무서운 능력을 보여주었으나 2번은 알리레자의 선방으로 무산되었고, 이 프리킥은 속도와 방향이 골키퍼가 막기에는 어려웠다.

참고로 2022 카타르 월드컵에서 코너킥에 의한 득점은 10골, 직접 골문을 노린 프리킥 득점은 3골이었으며 한 경기에서 직접 프리킥 골과 코너킥에 의한 득점이 나온 유일한 경기인 셈이다.

최단 시간 최다 코너킥 기록

미국과 잉글랜드의 2022 카타르 월드컵 E조 3번째 경기 후반 13분. 잉글랜드 골키퍼 오른쪽 코너킥을 시작으로 미국이 6분 사이에 5번이나 코너킥을 얻었다. 하지만 오른쪽 코너킥 4번 중 3번은 잉글랜드 수비수 해리 매과이어에게 차단되었고, 1번은 뒤편으로 흘러 무산되었으며, 1번의 왼쪽 코너킥 역시 잉글랜드 수비의 차단으로 총 5번의 코너킥 중 미국은 단 한 번도 동료에게 연결하지 못했다.

이 5번의 코너킥을 찬 미국 공격수 크리스천 풀리식이 페널티에어리어 중앙으로만 공을 보내기보다 다양한 위치로 공을 연결하여 득점을 노렸으면 하는 아쉬움이 있는 장면이었다.

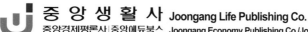

중 앙 생 활 사 Joongang Life Publishing Co.
중앙경제평론사 | 중앙에듀북스 Joongang Economy Publishing Co./Joongang Edubooks Publishing Co.

중앙생활사는 건강한 생활, 행복한 삶을 일군다는 신념 아래 설립된 건강 · 실용서 전문 출판사로서
치열한 생존경쟁에 심신이 지친 현대인에게 건강과 생활의 지혜를 주는 책을 발간하고 있습니다.

재미있는 카타르 월드컵 통계의 비밀

초판 1쇄 인쇄 | 2025년 1월 10일
초판 1쇄 발행 | 2025년 1월 15일

지은이 | 박영수(YoungSoo Park)
펴낸이 | 최점옥(JeomOg Choi)
펴낸곳 | 중앙생활사(Joongang Life Publishing Co.)

대   표 | 김용주
책임편집 | 백재운
본문디자인 | 박근영

출력 | 영신사 종이 | 한솔PNS 인쇄 · 제본 | 영신사

잘못된 책은 구입한 서점에서 교환해드립니다.
가격은 표지 뒷면에 있습니다.

ISBN 978-89-6141-330-5(03690)

등록 | 1999년 1월 16일 제2-2730호
주소 | ㉾ 04590 서울시 중구 다산로20길 5(신당4동 340-128) 중앙빌딩
전화 | (02)2253-4463(代) 팩스 | (02)2253-7988
홈페이지 | www.japub.co.kr 블로그 | http://blog.naver.com/japub
네이버 스마트스토어 | https://smartstore.naver.com/jaub 이메일 | japub@naver.com
♣ 중앙생활사는 중앙경제평론사 · 중앙에듀북스와 자매회사입니다.

도서
주문
www.**japub**.co.kr
전화주문: 02) 2253 - 4463

https://smartstore.naver.com/jaub
네이버 스마트스토어

중앙생활사/중앙경제평론사/중앙에듀북스에서는 여러분의 소중한 원고를 기다리고 있습니다. 원고 투고는 이메일을
이용해주세요. 최선을 다해 독자들에게 사랑받는 양서로 만들어드리겠습니다. **이메일** | japub@naver.com